文案破局

一句好文案胜过一百个好销售

思林 _著

北京联合出版公司
Beijing United Publishing Co., Ltd.

图书在版编目（CIP）数据

文案破局 / 思林著 . — 北京：北京联合出版公司，
2023.5（2023.9 重印）
　　ISBN 978-7-5596-6759-5

Ⅰ.①文… Ⅱ.①思… Ⅲ.①广告文案 Ⅳ.
① F713.812

中国版本图书馆 CIP 数据核字 (2023) 第 041613 号

文案破局

作　　者：思　林
出 品 人：赵红仕
责任编辑：周　杨
图书策划：蔺亚丁
产品经理：唐鲁利
封面设计：郭维维
版式设计：姜　楠

北京联合出版公司出版
（北京市西城区德外大街 83 号楼 9 层　100088）
北京时代华语国际传媒股份有限公司发行
唐山富达印务有限公司印刷　新华书店经销
字数 180 千字　880 毫米 ×1230 毫米　1/32　10 印张
2023 年 5 月第 1 版　2023 年 9 月第 2 次印刷
ISBN 978-7-5596-6759-5
定价：55.00 元

版权所有，侵权必究
未经书面许可，不得以任何方式转载、复制、翻印本书部分或全部内容。
本书若有质量问题，请与本公司图书销售中心联系调换。电话：010-63783806

序 言

亲爱的读者,很高兴与你在这本书中相遇。茫茫书海,你选择了我的书,相信我一定不会让你失望。这是一本讲打造文案IP的书。现在你的脑海里,是不是充满了疑问:"什么是文案IP?"更加费解的是:"文案IP,怎么开启线上创业?"

接下来,先和你说一个故事。

我的学员洋洋,之前是一名线下绘本馆的馆长,因为疫情来临,绘本馆不得不关门大吉。她的孩子才5岁,哪里都要花钱,因为完全没有了收入来源,她特别焦虑。

她说:"当时的我,尽管天天闲在家里,但大脑根本停不下来,整天在想:能不能有一份事业,完全不会因为疫情而受到影响?因为我真是受够了这种无力的感觉!"

在她最无助的时候,一个机缘巧合,她在直播间添加了我的微信,并且报名了我的文案弟子班。最终,她从58个报名的学员里成功突围,成了我的"嫡传弟子"。

于是我带着她，从零开启线上创业，一边卖她新入手的代理产品，一边成为一名线上文案导师。才一个月的时间，她就用我教的方法，实现了第一个小目标：日营收突破 4.8 万元。而且，她只是做好了一件事——每天输出朋友圈文案，吸引客户主动为她付费。学习的第二个月，我又带她完成了人生中第一次社群发售，在群里批量卖课，实现了日营收 9 万元。

所以，你发现了吗？学习文案以后，你不仅能用文案卖货，同时还可以把自己写文案的方法教给别人。这种既能通过写文案卖出更多的产品，又能通过文案进行知识变现的行为，就叫作"文案 IP"。

除了她，我的其他学员也都取得了很好的成绩。

一位做新零售的全职宝妈，我从零开始手把手教她在线上打造个人品牌，写原创文案，3 个月赚了 100 万元，"惊艳"了她的所有同行。

一位教培行业的校长，因为"双减"政策，导致机构面临停业危机，我带她做了一场发售，一夜之间成交 40 万元。

一位月薪 1800 元的幼师，我从零开始带她做个人品牌导师，她第一个月就赚了 2.3 万元，第三个月赚了整整 10 万元，连她自己都觉得不可思议。中专学历的她，现在因为文案 IP，成为某高校的特聘老师，年薪 30 万元。

一位社交电商代理人，原来好几个月都收不到钱，我只是教她写好文案,然后做了一场简易线上发售,轻松收入33492元,现在每个月都有新客户找上门。

一位之前花了一年时间,始终找不到定位的学员找到我。我只用一周时间,就帮她找到定位,又指导她孵化出自己的收费课程,课程发售第一周就赚了3000多元。

一位做健康管理的学员,之前从未做过线上项目,在我这里学习第三天,我帮助她策划了一场社群发售会,一夜之间实现日收入过万。

我和我的学员都是文案IP,我自己也完全是从零开始的,没有告诉我周围的任何一个亲人和朋友,没有请他们在起步期支持我。我所有的客户,全部来自陌生人。

即使是这样,我仍然实现了从零起步,通过分销课程赚到了我副业上的第一桶金,半年收入70万元;还带领3000个普通人,拿下了上百万的团队业绩;在成为线上文案导师后,轻松实现日收入74万元。

那么,同样是写文案的,为什么有的人一个月只能赚到几千的稿费,而我能通过线上创业,轻松实现年入百万呢?并且还能带领我的学员一起,创造了他们自己都觉得不可思议的营收业绩。

这其中的根本原因,就是文案IP和普通文案相比,有以下几点优势。

第一个优势，文案 IP，是低风险且相对约束较少的事业。

普通文案撰稿人依靠给平台投稿来赚取稿费，会有太多不可控因素存在，且不说每个平台都有自己的生命周期，就拿写作的对象、内容、风格等来说，就有较多的要求和局限性。

作为文案 IP 的创作者，你就是自己的主人，可以自由选择代理的产品和知识付费课程的内容。这些完全由你说了算，只要产品合乎法律规定，就不受任何约束，也不用担心面临平台倒闭的风险。

第二个优势，文案 IP 能不断增值。

普通文案撰稿人经常会遇到这样的情况：当你将费尽心血创作完的稿件发给收稿人后，要经历一周左右的审查期。这期间，对方会把你的稿件反复拆解，再告诉你几大点修改意见。然后你需要再花费一周的时间修改，最终得到的稿费只有 100 元左右。

作为文案 IP，如果你通过知识付费变现，那么随着能力的提升，你的客单价会越来越高。比如我自己，刚开始做文案私教班的时候，收费仅为 599 元/2 个月，现在过了一年的时间，已经涨到了 5899 元/2 个月，是最初的 10 倍。这说明我解决问题的能力越来越强，我的时薪也就越来越高了。

第三个优势，做文案 IP，能提升综合能力并且享受终身复利。

作为普通文案撰稿人,你的变现方式可能只有投稿这一种。如果成为文案IP创作者,你的变现方式就有多种,收入渠道也增加了。

加入电商平台或社交电商代理,卖货赚钱;

与别人合作,很多人有好的技能和产品,但不懂如何用文案营销;

用自己的一技之长,开启技能变现或者知识付费变现;

成为文案导师,和我一样,把学到的文案知识教给更多有需要的人。

不管你选择了哪种变现方式,在实操的过程中,修炼的不仅是文案写作技能,逻辑思维能力、沟通表达能力、内容生产力、营销能力、运营能力等也会不断提升。而这些能力,是线上赚钱必不可少的。

那为什么文案IP有这么高的价值呢?

因为,文案IP融合了两大"王炸"思维——个人品牌思维和文案思维。

这两种思维就是能力才华变现的财富密码。

比尔·盖茨说过:"最有希望的成功者,并不是才华最出众的,而是那些善于利用每一时机发掘开拓的人。"

现在的生活有太多的不确定性,新冠肺炎疫情已经导致全球近8亿人负债,而我在写本书时,因为上海新冠肺炎疫情,我已经连续居家生活20多天了。我的事业非但没有受到影响，甚至发展势头更好。

线上创业已成为普通人摆脱焦虑、改变命运的不二选择。因为几乎没有成本，你只需要一部手机，就可以随时随地开始。这就是时代赋予我们每个普通人的最大红利。

同时，在此过程中，我也看到很多人因为缺乏指导和没有正确的方法而走了很多弯路，浪费了大量的时间、金钱和精力。

在这本书里，我会分享自己全部的创业心路和经验，将我和学员们的成功案例总结成一套系统、快速、可操作的方法，帮助更多创业者轻松开启线上创业这扇崭新的大门，收获另一种精彩人生！

目 录

第一章 线上创业认知篇

1.1 线上创业，势在必行 /002

1.2 人人都可以开启线上创业 /006

1.3 线上创业的双引擎 /009

1.4 线上创业，你必须做好的准备工作 /016

第二章 个人品牌变现布局篇

2.1 超强定位挖掘：三重定位法，找到你的专属高价值定位 /022

2.2 产品体系设计：两个路径，带你分分钟开启变现之旅 /033

2.3 思想体系搭建：两大维度，构建你的思想体系王国 /041

第三章 文案思维拓展篇

3.1 文案价值洞察：拥有文案力，百倍放大你的个人品牌商业价值 /054

3.2 重塑客户思维：找准客户需求，打造你的自动赚钱机器 /060

3.3 素材灵感探索：如何写，才能拥有源源不断的文案素材 /069

3.4 文案基础写法揭秘，让你下笔如有神 /079

第四章　文案变现引爆篇

4.1　朋友圈文案写作，建立你的终身私域资产 /094

4.2　短视频文案这么写，普通人也能做出百万粉丝大号 /143

4.3　海报文案这么写，让你的产品被人抢着下单 /153

4.4　点金营销软文撰写，让你步步为营 /157

4.5　个人故事撰写：轻松写好个人故事，10倍扩大品牌影响力 /167

4.6　顶级文案策划：顶级文案大师不会告诉你的写作通用技巧 /181

第五章　百万营销破局篇

5.1　价值植入法：简单八个策略，轻松提高产品成交率 /194

5.2　人性洞察法：四个人性源代码，带你轻松走进客户的内心 /207

5.3　绝对成交法：1对1成交，帮你搞定不付钱的客户 /215

5.4　社群推广法：社群运营四部曲，带你玩转批量成交 /223

5.5　流量引爆法：学会这套背后逻辑，你永远都不缺精准流量 /239

5.6　疯狂裂变法：一套超级裂变术，让客户心甘情愿抢着帮你转发 /249

5.7　神奇追销法：十个策略，100%提高你的回购率 /253

5.8　团队爆单法：简单三步法，让你的团队士气高涨，爆单不断 /259

第六章　福利彩蛋篇

6.1　一张个人品牌超强地图，带你从0到1成为最强文案IP /267

6.2　各行业文案模板集锦 /279

后记 /309

第一章

线上创业认知篇

1.1 线上创业，势在必行

互联网创业是这个时代最广为人知的创业和赚钱模式了，因为门槛低、零成本，人人都可以启动。而线上创业，指的是用一部手机或者电脑，通过互联网的模式进行变现。不管你是在客厅，还是在卧室，或者你在度假，随时随地都能开展业务，让你每分每秒都在创造财富。

有的人可能刚进入一个行业没多久，因为搭上了互联网这辆流量快车，就在短时间内实现了弯道超车。

其实，这里说的线上创业，**大方向有两个，一是卖产品，二是卖技能或者服务**。比如现在很多人在网上做社交电商卖货，也就是卖实物产品，轻松实现月入过万；也有人靠着自己的一技之长，演讲或者写作，推出付费课程，或者1对1培训服务，单次收费上万元。所以，身处这个时代的我们，应该感谢时代提供给我们的机会。

过去的两年，虽然很多行业因为新冠肺炎疫情受挫，收入断崖式下降；但也不乏一些行业"化危为机"，一路逆袭狂奔。

比如，在线健身、在线办公、直播带货、在线游戏等，几乎大部分的线上行业，都迎来了发展的高峰期。中国直播行业的销售额，在 2021 年已经超过了 10,000 亿元，这一数据在 2019 年只有 4000 亿元，增长了约 150%。最近，歌手刘畊宏也靠着在网上直播健身跳操，两天时间粉丝竟然涨了 100 万。

可见，在经济形势动荡的当下，开启线上创业，已是势在必行。

1.1.1 全球经济动荡，你需要拥有居安思危意识

在百度上检索"疫情""副业"关键词，会弹出 38,900,000 条信息。不觉间，疫情的阴霾已经笼罩我们三年了。

这三年，小到个人被裁员、公司破产，大到旅游、餐饮、休闲娱乐行业时常停摆，制造业也不断停工停产；忽然之间，仿佛有一只无形的手，给全球经济发展按下了暂停键。

除了疫情导致的各种民生问题，当今世界时局也不稳定，尤其是俄乌战争已持续近十个月，国际冲突加剧，安全形势持续严峻，各种不安定因素越来越多。

尽管寒冬总会过去，春天的阳光也会重新洒向大地。但是，我们必须预有准备，也许不该只依靠这一份固定工资，而是要

为自己的人生尽早选择一份 plan B。

1.1.2 互联网行业的趋势是个体商业

随着智能手机和其他移动设备的普及，现代人的生活，越来越依赖于移动互联网。而在这个高速发展的互联网时代，个体商业已经成为趋势。

有人曾经说过："今后的企业会越来越小，因小而美。"就像得到 App 的"罗振宇"，樊登读书会的"樊登"，拍视频的"Papi 酱"，这些人都是基于个体的商业价值，将自己的才华在平台，或者通过某一载体展现出来，积累自己的粉丝。然后就像滚雪球一样，越来越大。

你可能会觉得，这些"大咖"离我们普通人很远，其实不然。在电影《中国合伙人》中，两位主角在面临职业转变时，说了这么一句话："街上卖鸡蛋的，都比你挣得多！"

当初看到这句话时没在意，但几年时间过去了，它真的变成了现实。如今各种"网红""斜杠青年"迅速在互联网上实现逆袭，而最开始位于金字塔中上层的白领，反而落到了下层。

这就是时代对超级个体的赋能。

1.1.3 线上创业投资少,成本低,时间自由

首先,实体创业中,成本投入是比较大的,稍不留神就血本无归,而互联网创业,成本很低,不需要花钱租房、装修,也不需要支付水电费、人员工资等,是真正意义上的轻创业。即使失败,也不会带来惨重的损失。

其次,如果你开一家实体店,那么客户大都来自附近的居民。但是,在互联网上创业,只要是会上网的人群,都有可能成为你的客户,这个范围是全国乃至全世界。

再次,网上开店不像线下那么麻烦,甚至不用囤货。如果你是做知识付费的,那就更无须成本投入。

最后,在线上创业,你可以一天24小时、一年365天不停地运作。无须专人值班看店,就可以照常营业。而且你只需要把产品购买链接或者销售文案发出去,消费者可以在任何时间购物,完全没有时间限制。

所以,线上创业一定是未来的大势所趋。当你眼看着周围的很多人,通过转型线上赚到了钱,少则赚个零花钱,多则赚了百万元、千万元。凭什么,你不想试试呢?

1.2 人人都可以开启线上创业

在职场工作的你,是否幻想过这样的画面?某一天,你的能力足够强了,资源也很丰富,能够从事自己喜欢的事业,不仅收入丰厚,还能灵活安排个人时间,自由自在。

这应该是很多人的梦想。

你可能觉得,这个梦想离你很遥远,但现在有很多人已经实现了这个梦想。他们就是靠着线上零风险创业,一边在公司做主业,一边在线上做副业。有了稳定收入后,就把主业给辞了。

还有全职宝妈,一边带娃,一边在自媒体上不断输出内容,可能一天就轻松赚到上班族要工作一整年才能获得的收入。

看到这里,也许你会问我:

"我不知道自己能做什么?"

"我没有什么特殊技能,也可以开始吗?"

给你看一组真实的数据:

· 在互联网上创业,有人教授茶艺课,收费上万元;

· 有人做减脂训练营,收费上万元;

· 有人做文案导师,收费上万元;

・有人做短视频导师，收费上万元等。

而且，这些都是线上创业没多久的新人！

就拿"修图"和"海报设计"这些简单的技能来说，只要掌握了正确的变现方法，想要月入过万，是一件轻而易举的事。所以，人人都可以开启线上创业之路，主要原因有以下三点。

1. 线上创业门槛低

线上创业不需要学历、背景、经验等条件，只要你会打字，有一部手机和网络，随时随地可以开启，像现在的自媒体、社交电商、短视频、直播带货等，这都是线上创业，且人人可做。

我认识一个全职宝妈，出身农村，初中学历，通过在网上做付费社群，轻松实现了年入百万元。

2. 线上创业的技能，可以在短时间内习得

想在线上创业，你只需要会基本的手机操作，加上基础运营技能，即可开启你的创业之路。这些技能包括社群运营能力、写作能力、讲课能力、成交能力等。在本书接下来的章节里，会为你一一展开，你耐心看完以后就会发现，这些技能，都可以在短时间内习得。

3. 线上创业风险小，但爆发力强

线上创业属于轻资产创业，资金投入小，有的甚至是零资金投入，需要投入的是时间和精力。相比于实体行业创业，线上创业风险极低，非常适合资金不足，却又想拼搏创业的有志之士。

相比于传统的新闻媒介，现在互联网信息更新和传播的速度更快，一条新闻通过微信公众号、微博、短视频等平台发布，几分钟后就会传播到全国各地，甚至全世界。这样必然让更多的人了解到更多的信息，发现更多的商机。

每年的"双11"大型购物节，我们会看到很多主播直播带货，高峰时能有上千万人同时观看，这充分说明了互联网强大的爆发力。而持续的流量，就可以创造更多的利益。

在互联网世界，很多线上业务和项目是投资小、爆发力强的。大多数普通人通过一些基础的软技能和常识就可以上手。而且，当你认真审视自己，就会发现你有很多能力和天赋，等待去发掘。

1.3 线上创业的双引擎

根据我多年的创业经验，能通过线上创业赚到钱的人，无一例外都是文案 IP。他们都有一个共同点，就是既有个人品牌影响力，又有文案写作能力。

现在是一个**"先卖人，后卖货"**的时代。不管是知名人士还是普通人，如果仅靠商品品类、产品特色去打败竞争对手，越来越难了。在这个时代，"一招鲜，吃遍天"几乎不管用了。说白了就是，没有人愿意点击冷冰冰的购物链接，你只有变成一个专家，或者是一个贴心的好朋友，才会赢得消费者的青睐，进而提升转化率，这就是个人品牌思维。

如果你不打造个人品牌，没有影响力，就无法打动消费者的心，无法在众多竞争对手中脱颖而出。

同样，在这个内容为王的时代，一切内容的输出，朋友圈、短视频、直播、公众号等各种自媒体平台的输出，背后都需要文字能力。如果你不会用文案输出价值，就无法获取客户的信任。

所以，**想在线上创业，你就必须打造个人品牌，拥有 IP 变现力；还要学习文案写作，拥有文案变现力。**

1.3.1 打造个人品牌,提高自身价值

如今,互联网和新媒体的发展趋势,越来越凸显个人品牌的价值。当越来越多的人提到"个人品牌"这四个字,你是不是会有疑问,个人品牌到底是什么?又为什么要做个人品牌呢?

个人品牌是指个人拥有的外在形象,或者内在修养所传递的自身独特的、鲜明的、易被感知的特点。能够改变群体者的认知和消费模式。也是个人向世界展示自己的一种方式。

简单来说,个人品牌其实就是别人对你的认知;你有什么样的名声,就有什么样的个人品牌。

在这个竞争越来越激烈的时代,想要让人记住你,就要充分表现自己优于甚至异于常人的能力。

所以,我们每个人都要建立起自己鲜明个性的"个人品牌",只有让更多人记住并认可你,你才能拥有持续发展的事业。

举个通俗的例子,当你找工作时,如果你有一定的经验,在行业里小有名气,那么就会有很多公司主动挖你。相反,如果你没有名气,那么你就得挨个向公司投简历,等别人约你面试。

或者你是一个创业者,如果在行业内有一定影响力,那么投资人就会主动找到你。相反,如果没有,你就得挨个向公司投递你的商业计划书,然后再一个个公司登门拜访。由此可见,

打造个人品牌可以更好地吸引你的目标客户,实现高效的营销转化。

还记得微信公众号的广告语吗?那就是:**"再小的个体,也有自己的品牌。"**

在这个个体商业蓬勃发展的时代,做知识付费,进行个人品牌创业年入百万元,甚至千万元的人屡见不鲜。而且这些人中,许多人刚入行不久。

一个传统行业的打工者,要达到这个收入,可能需要十几年甚至几十年。但是,互联网浪潮袭来时,你会突然发现,身边某个抓住了红利的人,赚钱速度是你的10倍甚至100倍。

这是为什么呢?因为我们的生活方式已发生根本改变。就像平时买衣服、零食和日常用品,不再需要走出家门,而是看着直播,刷刷朋友圈一键下单,第二天买的东西就会躺在你家大门口。而且,我们不需要依靠某个平台、某个老板,自己一个人就可以开始创业。

这背后,潜藏着普通人逆袭的巨大商机,人人都有可能。

普通人在线上创业,会经历三个阶段。

第一个阶段:靠时间赚钱

很多人线上创业的第一步,都是以付出时间来赚钱的。比如你分享各种电商平台的产品,卖出去几单就得到相应的收入,或者是帮别人写稿，写几篇就得到几篇的钱。你能赚到多少钱，取决于你能卖出去多少时间。以时间付出来换取件数的增加，是这个阶段的主要收入方式。

第二个阶段：靠技能赚钱

这一阶段，主要靠个人掌握的一项技能赚钱。比如，很多人靠给媒体投稿、给客户写软文、给平台写书评、帮别人美化PPT等方式赚钱。

这些往往和自己的职业或爱好特长有关系，在某一项技能上，只要你比别人更擅长，并找到有需求的人，就能用技能赚钱。

第三个阶段：靠打造个人品牌赚钱

线上创业起源是技能，但个人议价水平的来源还是影响力，这是靠无数的积累而形成的。有影响力的人，产品报价可能是新手阶层的10倍甚至100倍。比如同样是写软文，新手的价格是每篇1000元钱左右，但有个人品牌的人，单篇价格可以达到1万元左右。这就是个人品牌的神奇魅力。

那么，如何才能打造自己的个人品牌呢？其实方法很简单，先找到一项可以持续赚钱的技能，把这项技能"种"在客户脑子里，让他一想到这项技能就先想到你，这叫作占领客户心智。

打造个人品牌,具体分为找定位、做内容、孵产品、搭体系、搞流量、强运营、促成交等几个步骤,后续的章节会逐一展开。

1.3.2 学习文案写作,掌握内容时代硬技能

线上创业要想赚到钱,你必须要做到第二件事,就是学习文案写作。

你可以思考一个问题:在打造个人品牌的过程中,如果你想宣传自己的产品,应该怎么做呢?

是不是会写一段文案,或者拍一段视频,发布在朋友圈或其他自媒体账号(比如抖音、小红书、视频号等)上,同时尽可能地希望系统推送给更多潜在客户看到?

不管是视频还是文字,背后都离不开两个字——文案。

叶圣陶先生曾经说过:"一个人固然什么都可以做,可是无论什么人都有意思情感,而且,无论什么人都生活在人群中间,随时有把意思情感发表出来的需要。发表可以用口,可以用笔,比较起来,用笔的效果更大。因此,人人都要学习用笔发文,人人都要习作。"

在这个信息爆炸的时代,人人都需要被看见,人人都值得

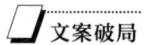

被看见,任何时候都能表达自我。传递自我的见闻、思想、观点,是每个人都需要具备的能力。

可是,很多人一听到"文案"两个字,脑海中就自动弹出那些西装革履、整天坐在办公室、奋笔疾书的白领,或者从小到大语文成绩优秀,最后走上作家之路的写作高手。于是,便觉得文案写作离自己特别遥远。

其实,文案思维可以用到生活的方方面面,不仅每个人都可以学会,而且能够帮助我们的主副业更上一层楼。**不管你的产品是什么定位,它都是你打造个人品牌,实现自身价值的最好工具。**

掌握文案思维后,你会发现自己身上有以下几个明显的变化:

·**能够轻松销售产品和服务**。如果客户想了解你的产品,必然会先看你的产品介绍。所以,与其说你在卖产品,不如说是在卖你的产品文案。

·**赚取丰厚的稿酬**。一篇文案的稿酬在 500~1000 元不等,很多公众号、杂志、App 上都有投稿渠道,让你轻松赚稿酬。

·**快速与客户建立信任关系**。不管在线上还是线下,想要让别人记住你,一份好的自我介绍非常重要。给别人留下深刻的印象,别人才会想添加你的微信,等到需要的时候,会第一时间想到你。

·助力职场晋升，为企业提高业绩。 在工作中，大到给领导汇报工作，小到给客户发短信，都需要良好的文字能力，这能为你在职场中大大加分。

·提升沟通表达能力。 文案背后，不仅仅是文字本身，更是你的沟通和表达能力。通过反复输入和输出的过程，能飞速提升你的逻辑思维能力。

·成为文案导师。 掌握了文案的变现方法，你也可以和我一样，开启知识付费之路，帮助更多渴望提升个人能力，找到自我价值的人。

·帮助企业进行营销文案策划。 很多企业客户，他们有好的产品，但苦于没有好的营销方案。所以，你可以帮助企业客户做商业文案策划。

综上所述，学习文案写作会让你的综合能力得到明显提升，因为文案背后有强大的逻辑思维做支撑。文案思维也能帮助你在打造个人品牌的道路上，为你插上一双有力的翅膀。

我的学员来自各行各业，既有教育机构校长、高校教师、国企高管、高级工程师、普通上班族，也有实体店负责人、全职宝妈、社交电商团队长等，他们用个人品牌思维和文案思维，在线上开启了全新的生活。

所以，在这个互联网赋能的超级时代，个人品牌和文案的双引擎，一定能为你开启另一片事业的天地！

1.4 线上创业，你必须做好的准备工作

在开始线上创业之前，你还必须做好以下几项准备工作。

1.4.1 只要坚持，就能赢过很多人

很多人都会说：坚持很重要，但自己就是坚持不下去。因为说得容易，做起来很难。就像2017年，我刚开始创业时，新开了一个微信号，一个好友也没有。当时，没经验，没资源，没背景，踩过不少坑，花了不少冤枉钱。即使我周围很多人都在那个时候放弃了，我依然选择坚持。

慢慢地，越来越多的微信好友主动找我下单，我做到了平台销冠。所以，当你越是难过失落、越想放弃的时候，越要告诉自己，再多坚持一天，只要每天都在进步，就一定会有转机。因为，仅仅做到"坚持"，你就赢过了很多人！

1.4.2 想赚钱，先学会做人

我听过太多课程，只要觉得某一个老师的课程没有达到我的预期，就不会再去报名了。相信你也有过这样的感觉，因为，信任真的很重要，在报名一个老师的课程之前，你肯定会去了解他的背景、他的为人，再决定要不要跟着他学习。

所以，不管你卖货也好，卖课程也好，须先把人做好，**赚小钱靠技能，赚大钱靠人品**。

1.4.3 厚积薄发，徐徐图之

当我们看到很多人，短期内赚了几万元、几十万元时，我们会很羡慕。其实这所有的一夜暴富背后，都有着成千上万的积累，只是我们没注意而已。这个积累，可能从出生就开始了。从一点一滴做起，积累人脉，积累经验，不断为别人解决问题，提供价值。

如果你想要轻松赚钱，从现在开始，努力破圈，向优秀的人靠近，去积累人脉、经验和资源，这些可以受用一生。

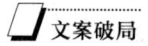

1.4.4 自信是成功的开端

很多人明明长得很漂亮,各方面条件也很好,但就是做事不自信。这其实是心理作用,事情还没做,就觉得自己不行。

不管你才能有多大、天资有多高,有了自信才有成功的可能。这样,在遇到困难时,你才能付出全部的精力,克服一切艰难险阻,取得最终的成功。

1.4.5 锻炼好自己的心态

创业,最重要的就是心态。有的人做出点成绩,便到处炫耀,恨不得让全世界的人都知道;或者遇到点挫折,就感觉整个世界都不好了,情绪和状态就像过山车。

其实人这一辈子,高低起伏很正常,高光时刻不要妄自尊大,低谷的时候也不要妄自菲薄,以平常心待之。

总结一下,这一章的内容是关于线上创业的认知,相信读完以后你已经了解了线上创业的基本概念、优势、必然性和可行性,以及你要怎么做才能开启线上创业。

下一章我们将进入线上创业的第一个引擎,带你开启打造个人品牌之旅!

第二章

个人品牌变现布局篇

在写这一章的时候，我想到一年前的自己，帮着平台分销课程，做得风生水起。当时，我凭借自己的文案功底，一度蝉联平台的销冠。一夜之间，我成了风云人物，每天都有不少同行跑来请教，令人应接不暇。

也正因为成绩特别突出，我被选为分销团队队长，开始管理团队。团队人数从一开始的一个人，逐渐壮大到3000多人。我带着这些普通人从零开始，半年实现了百万业绩。

正当一切顺风顺水时，我却越来越迷茫，每天晚上焦虑到完全睡不着觉，最终放弃了这份收入颇丰的副业。估计你特别好奇，这到底是为什么？

事情是这样的，当时我本以为终于找到了自己喜欢的小事业，并且可以一直做下去。好景不长，我渐渐发现团队里的大多数小白，没有人脉，也没有影响力，纯分销的方式遇到了巨大瓶颈，大家的收入都在断崖式下降。

更令人担心的是，我们只是依附在平台上，没有自己的作品和影响力，如果有一天离开了平台，我们就什么都没有了。这时，一场突如其来的新冠肺炎疫情让平台严重受创，让我彻底明白，不能再这么下去了，我要做一件具有终身价值的事，在任何时刻，都不能成为某个平台或某个产品的奴隶，而要让我的团队成员们，真正拥有持续赚钱的能力。

不管今天的你在推广什么课程，还是什么产品，都别忘了思考一个问题："**脱离了产品或平台，客户还愿意为你买单吗？**"

尤其是在产品日渐同质化、竞争激烈的今天，如果我们还抱着原来的想法和心态，想依靠产品的类别、功能、属性取胜，那几乎无法实现。记得我刚开始做分销课程时，每天发完朋友圈，第二天打开手机，总能轻松实现"躺单"。

可是，现在同类型的课程越来越多，若想要真正获得消费者的青睐，你就不得不面对这个"先卖人，再卖货"的时代现状。于是，我不想再做任何平台的附属品，选择了开启个人品牌之路。**而个人品牌，其实通俗来讲，就是一种他人对自己的认知，通过不断扩大影响力，加深客户认知，让客户真正因为认可你这个人，从而选择你的产品。**

在接下来的章节里，我会结合自身经历，以及带学员的经验，让你清晰地了解到，打造个人品牌的整个流程和方法，以及其中容易踩坑的关键点。

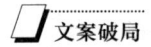 文案破局

2.1 超强定位挖掘：三重定位法，找到你的专属高价值定位

有一句话这么说："没有明确个人品牌定位的每一天，都是在瞎忙。"

定位就是定方向，也是定目标。如果找不准自己的方向，你就会像一艘没有目标的航船，什么方向的风都是逆风。

没有精准定位的人，可能也做了一些短视频，写了自媒体文章，但内容比较散乱。没有在一个领域垂直深耕，虽然很努力，但影响力很小，没有在客户心里留下深刻的印象。

如果没有一个明确的努力方向，就很可能会在几个方面同时发力。该学的学，不该学的也学，一段时间做这个，过段时间又做那个，或者同时在做很多领域，从而浪费了大量的时间，却没有在任何一个领域学到足够专业的知识。

这些都是不可取的，做个人品牌，一定要有一个主攻的方向。因为人的精力和时间都是有限的，只有把时间和精力集中向同一个地方发力，才能有所突破。

除此之外，我经常跟学员们说，定位一定要找一个榜样，

然后对标榜样者的行动。这样会让你在未来的每一天都拥有努力的方向，而实实在在、心无旁骛地去奋斗。

做个人品牌的第一件事，就是找准自己的定位，也就是搞清楚你要做什么。找定位是很多人最头疼的一件事。我曾见过有人足足花了大半年时间，还没有找到自己的定位。

找定位这件事，也有一定的方法，掌握了方法，就没有那么难了。接下来，和你分享我的三重定位法。

2.1.1 回答四个问题，搞定个人定位

个人品牌就像一棵树，树的根基就是真实的自我认知。如果没有做到这一点，就无法拥有真正的个人品牌。所以，定位的第一步就是从自身出发，找到你的个人定位。

所谓的个人定位，其实并没有你想的那么复杂，简单来说，就是你对自己的深刻认识。

很多人在寻找优势时存在一个误区，认为优势就是自己的过人之处，然后就拿它和专家比。其实，优势是自己跟自己比，是结合现有的专业或技能，找到相对擅长的那一个，就是你的优势。

你可以通过回答以下四个灵魂拷问,来找到开启个人品牌定位大门的金钥匙。

1. 你是谁

这里的自我认知,就是你必须知道"你是谁"。大部分时候,我们每个人好像都特别忙,忙着上学、忙着找工作、忙着上班、忙着应酬,都没有时间静下心来思考过:"我是谁?我有什么?我想做什么样的人?我最想干什么?"

中国有句俗语,叫作:"人贵有自知之明。"你看,古人把人的自知称为"贵",可见自知是多么不容易的事。

如果你想打造个人品牌,第一步就是想明白一件事:"自己到底是一个什么样的人?"只有你先认识自己,才能让别人一下就知道,你能给对方提供什么样的价值。

拿我来举例,我从小到大一直是个学霸,考证获奖无数,会中、英、法三种语言,学习能力较强。所以,刚开始在线上创业的时候,我选择从分销英语课程开始,因为这不仅是我的爱好,而且在服务学员的过程中,我也可以用我的专业知识帮助到他们。这让我收获了很多学员的认可,取得了不错的销售业绩。

2. 你有哪些能力

第二个灵魂拷问,就是"你有哪些能力",找定位一般都是从自己的爱好和擅长的领域出发，因为从熟悉的领域开始，上手较快。最简单的方法就是，你拿出一张纸、一支笔，然后问自己一系列的问题。比如：

· 我会什么？（无论大小，全部罗列出来）

· 我擅长什么？（我做成这件事比别人花的时间、精力都少）

· 我喜欢什么？（写作？画画？摄影？服装搭配？）

· 我的优点是什么？（客户凭什么为我付费？）

回答完这四个问题，你还可以从以下三个角度进行思考：

第一是职场角度，包括你的职业技能和优势，列出你自己身上具备的能力，比如你擅长销售、演讲、人际关系处理。

第二是生活角度，包括你的兴趣爱好，你对什么事有热情。想想下班回家后，你会做什么？一定不是直接睡觉吧？有时候甚至牺牲睡眠时间也要做的事情，就是你的兴趣爱好。

第三是专业角度，你曾经考过什么样的证书，比如营养师、心理咨询师等。

然后，把以上内容逐一排列优先级，从而找到最适合的方向。

我有一个学员，Joan，主业是企业HR，我鼓励她用自己已有的知识体系，帮别人修改简历及教授面试技巧，她刚开始是给学员做1对1咨询，再做训练营。后来，Joan除了培训面试技巧，还提供薪酬谈判、入职后的注意事项等服务。同时，她在产品类型方面还增加了私教课程，手把手教学员如何设置

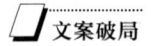

薪酬制度、搭建人才储备体系等。这就是从职场角度找到自己优势的典型案例。

还有一位学员，娜娜，她自己的业余爱好比较广泛。我鼓励她用一张纸，把每个爱好和擅长的技能全部写下来，包括心理疗愈、减脂、外贸、写作、中医、画画、演讲，一共七项。然后以 10 分为满分的标准，根据自己的热情、天赋、市场逐一打分。其中，热情是指对这件事的热衷度有多少；天赋是指做这件事是否比别人更擅长；市场就是这个行业是否有前景，是否值得一直做下去，竞争是否激烈。经过娜娜的一系列打分、排序，最终得分最高的技能是"写作"。于是，她打造个人品牌定位就是"写作"这个大方向。

3. 你能帮别人解决什么问题

第三个灵魂拷问，也是最关键的，就是"你能帮别人解决什么问题"。**因为你有什么不重要，客户需要什么才重要，也就是说，你要弄清楚，自己能给客户提供哪些方面的价值。**

比如，如果你今天刚认识我，我告诉你说，我是一名文案写作教练，你有感觉吗？

没有感觉，对吧。如果我换一句话说，我是能够帮助"80 后""90 后"的女性创业者，用文案写作能力打造自己的个人品牌，通过互联网，用一部手机就能实现全球旅行办公。这样，你是不是立马就知道我能帮到你什么了。

4. 别人遇到什么问题，会第一时间想到你

这里推荐一个好办法，就是去问周围熟悉你的人，在遇到什么问题时会第一时间想到你。正所谓旁观者清，他们提供的一般都是你所擅长的方向，也会给你意外的惊喜。

比如我有近七年的副业探索经验，身边的小伙伴对我的印象是，我在这一行深耕多年，属于实战派。所以，我就选择了个人品牌文案领域，目的是希望用我的亲身经验，帮助更多想创业的人。

如果短时间内实在找不到合适的定位，也可以先学一门技能，现在刚需的技能就是写作和演讲。报了课程以后，不要只是听，先学会分享，比如在朋友圈分享自己的收获，为别人提供价值，帮别人解决问题，你的定位就会越来越清晰。

我的很多文案学员，刚学习了一周的时间，我就鼓励他们边学习边分享，用学到的知识为别人提供价值，解决问题。这样不仅帮助他们找到了自己的个人定位，产品体系也在短时间内搭建起来，成长的速度很快。

找到以上四个灵魂拷问的答案，就能帮你全方位剖析真实的自己，找到个人定位的方向。

2.1.2 两个问题，搞定客户定位

我经常听到很多人说，选择代理某款产品的原因是觉得产品本身好，于是就决定付费加入，并且认为拥有好的产品就能做好一份事业。真的是这样吗？

他们往往做了一段时间后，就会出现困惑："为什么我的产品明明很好，价格也不贵，可就是卖不出去呢？"

其实，在这个时代最不缺的就是产品。**好产品不一定能够让你从中赚到钱，但假如你有一群精准客户，那就可以围绕这群客户去销售他们需要的产品。**

所以，一定要先搞清楚哪一群人会付钱购买你的产品，然后再围绕这些人群，设计你的营销流程，否则你的变现就无从谈起。这就是客户定位，也叫作客户画像，指的是你的目标客户是哪些人，是什么样的人。

客户画像包括直接画像和延伸画像。直接画像包括：客户的年龄、性别、地域等基本情况。延伸画像包括：客户喜欢什么，关心哪些话题，经常活动的平台有哪些。

你需要问自己两个问题：
- 你想吸引什么样的客户？
- 客户关注什么问题，需求是什么？

比如，宝妈们关注的是孩子的一切，同时渴望经济独立，摆脱"手心向上"的生活；白领关注的是职场沟通能力的提升，职业晋升机会；中年男性关注养生、投资理财，还有防止脱发等问题……

一定要先想清楚客户的定位，这样你后面输出的内容才有针对性。

举个例子，比如你打算在线上卖童装，产品的优势是性价比较高。那么你的客户画像：直接画像是 3～10 岁的儿童，地域不限；延伸画像就是 25～42 岁的宝妈，因为一般都是妈妈给孩子买衣服。

接下来，你可以想想，宝妈们平时都会关注什么？是不是会关注与孩子相关的生活、成长和教育问题，还会关注女性魅力提升、夫妻关系维护、养生瑜伽、理财保险、职场晋升等。你可以通过输出她们关心的内容，从而吸引你的目标客户。所以，清晰的客户定位能为后面的产品推广打下坚实的基础。

2.1.3 一个问题，搞定产品定位

接下来是产品定位，只有做好这一点，你才能真正走上变

现的道路，否则客户不会为你付费。

设想这样一个场景，你是个卖电钻的销售，店里摆满了大大小小、各种类型的电钻，这时客人进门了。如果你认为自己卖的是电钻，就会直接问客户要什么类型的。

如果发现客户说不清楚，你就开始骄傲地介绍你的产品，从功率、钻头、质量、价格、保修服务等方面介绍得喋喋不休。这样做的结果是，你的客户需要的功能恰巧是你没有提到的，或者客户觉得价格太高，最后摇摇头走了。

如果你知道客户的需求，其实是墙上的"洞"，你的问题就会明确一些。你是不是会问客户：准备打一个什么样的洞？在什么地方打？打多大，打多深，谁去打？是天天打还是偶然打一次？

客户回答完你的问题以后，你是不是就很清楚客户需要哪种类型的电钻了？然后就可以顺势给客户推荐产品了。

产品的核心是人，也就是使用者，而不是产品本身。产品定位也要围绕人的生活场景来展开，重点考虑人性化的内容。

所以，你要搞定一个问题：你的产品，能帮别人解决什么样的问题。

比如上述例子，客户要的不是电钻本身，而是墙上的孔。红牛饮料也是，客户想要的不是产品本身，而是可以迅速补充能量、消除疲劳的结果。

找产品定位的方法很简单,就是从细分市场出发,找到目标客户需要被满足的痛点。何为痛点?痛点就是客户当下的痛苦和没有实现的愿望。很多产品的销量难以提高,就是因为没有解决别人具体的某个问题,让消费者没有强烈的下单欲望。

找到痛点以后,再通过寻找产品的差异化进行切入,最后落实到策划及运营上,这就是产品定位。

比如我的"文案高手1对1私教班",针对的就是很多人提笔却不知道该怎么写,又或者销售文案全部是"硬广",完全无法打动客户的文案问题,教客户用文案思维的底层逻辑,解决变现路上的问题。

前面分享了如何做好个人定位、客户定位和产品定位,接下来分享定位挖掘过程中容易踩的坑:

1. 定位迟迟无法确定

在挖掘定位的过程中,不一定要一步到位。但是,在日常生活中,你要做个有心人,有意识地收集别人对你的评价。你可以先找到大方向,进一道宽门,然后逐步把内容做窄。

就像大家平时去医院看病,一般都会选择专科医生。因为我们潜意识里会觉得全科医生什么都掌握,但不一定什么都精通,而专科医生只专注一个医疗方向,会更专业。

比如，我刚开始创业的时候也不知道该做什么，于是先从分销自己喜欢的英语课程、纠音老师开始做起，后来做到了平台的销冠。然后，我发现自己在销售上有所擅长，才慢慢转做自己的课程，最后成为一名个人品牌文案导师，教人如何用文案提升业绩。

2. 定位不要盲目跟风

有些人创业，是看到哪个领域火就跟风去做。比如很多人选择做"个人品牌导师"，却发现完全吸引不到客户来付费，就是因为在你没有个人影响力和成功案例的时候，很少会有人冒险为你付费。所以，一定要认真回答三重定位法里设置的问题，然后根据自身的情况进行选择。

3. 想太多而不行动

我刚开始也纠结过自己的定位问题，是做"副业赚钱导师"，还是"个人品牌导师"。最后我发现，其实客户在意的不是你的定位，而是你能不能帮助他们解决真实的问题，所以，千万别过分纠结。想，没有结果；做，才是一切的答案。

通过这一节的内容，你已经学会了从个人、客户、产品这三个维度挖掘你的定位。找到定位并开始，是打造个人品牌的第一步。接下来，你可以着手设计自己的变现产品了。

2.2 产品体系设计：两个路径，带你分分钟开启变现之旅

有了产品，你才能真正变现。**产品变现的路径有两种，一种是单一产品变现，另一种是通过将产品进行组合，形成产品矩阵去变现。**

2.2.1 三种类型，开启单一产品变现

当下市面上的产品，无外乎以下三种模式。

1. 实物产品

有关衣食住行的都是实物产品，小到核桃、瓜子这些食品，再到化妆品、箱包、家具，凡是看得见摸得着的都是实物产品。比如我们最熟悉的社交电商，卖的都是实物。

实物产品的优势是：大家的接受度高，几乎不需要专门学

习，适合刚入门的新手小白。比如你分享电商平台的优惠券和产品链接，卖出去几单就能拿到佣金。只要勤奋一些，就能赚到钱。

这类产品往往同类竞争特别激烈，利润较低，基本都是靠薄利多销。想要做大，必须要有源源不断的"流量池"。

2. 虚拟产品

最常见的虚拟产品有课程和电子书。如果你有一定的专业能力，能将这些专业能力总结成系统的知识，大家就愿意为你的产品付费。

除此之外，还要把知识点整理成简单的小册子，都不需要将知识总结成系统，只要汇总成清单就可以了。比如，我就整理了一份《文案干货100讲》，系统梳理了100个文案知识卡片。这一类产品，适合有一定专业知识积累的人。能不能赚更多的钱，取决于你的专业是否过硬，市场上对于这个专业的需求高不高。

虚拟产品的优势是成本小，只要你投入一次时间，就可以产生多次的收益。比如一本书写完以后，你可以卖给很多人，课程也是一样。

目前来看，我不太建议你单纯做付费音频课程，市面上这种同类型的课程很多，竞争特别激烈。学员缺的是真正手把手带着实际操作出结果的老师，以及一个陪伴式的学习环境。

今年我建了一个年度陪伴文案营，学员们的学习热情都很高，在群里不仅可以学习文案干货，而且可以互相交流，共同成长。

3. 服务产品

比如你的技能是做情感咨询，或者是副业咨询，那么做咨询的这个过程就是服务。服务产品的优势是客单价高，但相比虚拟产品，服务产品的每一次交付都要花更多时间和精力。所以，这类产品适合有一技之长，善于沟通和倾听，以及解决他人问题的人。

有些人把多次咨询做成线上私教的形式，现在这种服务产品特别受市场欢迎，因为1对1教学出结果会更快，消费者也愿意为时间和结果买单。

这三类产品，无论你选择哪一类，都需要有一个市场测试期。在起步阶段，你可以先通过一款产品开始进行市场验证，收集客户的反馈和意见；然后根据客户的意见进行改进，不断迭代，直至收到的反馈都是好评。这叫作最小可行性产品（Minimum Viable Product，简写MVP）和最小可行性商业模式。

这里有一个提醒，你在选择产品的过程中，记住并不是只能挑选一个产品类型，也可以把虚拟产品和实物产品相结合，这种结合可以是卖实物产品，送一个虚拟产品，未来这种模式会越来越受欢迎。比如你卖母婴产品，送一个育儿陪伴社群，一定会很受欢迎。因为群里都是有着相同身份、相同经历、相似情感的宝妈，大家可以互相交流育儿心得，家长里短，获得精神上的陪伴和成长。

久而久之，无论你卖什么产品，如果自始至终只卖一款，除非这个产品的技术迭代非常慢，否则你很容易被竞争对手淘汰。所以，你需要拥有自己的产品矩阵。

2.2.2　两个维度，设计你的产品矩阵

产品矩阵，其实就是通过多个产品的组合，让你的客户满意度更高、选择性更广，提高你的客单价和转化率。产品矩阵是利润的来源，也是应对竞争最重要的方案。就像你买手机时，会发现有不同内存、不同颜色和不同款式，因为要尽可能满足所有客户的不同需求，避免因为无法满足客户需求导致客户流失。

那么，如何设计自己的产品矩阵呢？主要分为纵横两个维度。

1. 纵向维度的产品矩阵

纵的意思就是垂直,是指同一类产品,根据客户的不同需求,设计出不同的产品和价格。但是,产品和产品之间的价格一定要拉开,让客户可以感知到差异。

比如卖茶叶的可以有三种不同的产品种类:100元/斤的入门级、1000元/斤的进阶级和10,000元/斤的高档级。比如我的课程体系,有1499元/年的文案年度陪伴社群,也有5899元/2个月的1对1文案高手私教班,还有29800元/年的超级文案IP掘金私董会。

纵向产品,又分为三个层次:引流产品、信任产品和利润产品。

引流产品的特点是低价格、超高价值,而且比较高频,目的是增加曝光和吸引新人,让更多的人关注到你。 引流产品的利润率可能是最低的,甚至是亏本的,但可以从其他产品上赚回来。

超市的免费试吃就是非常典型的引流产品,为的是吸引更多人来到超市,并在试吃之后顺便带走一些其他产品。我的引流产品是三天的快闪分享(一般收费9.9元或者19.9元),7天的文案变现私房课(一般收费为199元)。这两个产品不为赚钱,而是为了筛选精准客户。

信任产品的特点就是刚需,而且痛点足够痛。 只有让客户在一定期间内与你产生频繁的、稳定的互动,你才能精准把握这个客户的需求,从而提供更多的服务。

比如油和米对超市来说,就是很好的信任产品,因为大家肯定会来复购。而对于虚拟课程,打卡类的训练营就是很好的信任产品。客户在互动打卡的同时,留下更多信息便于你了解,从而提供更好的服务。

利润产品是为了转化的,往往和前面两种产品有着很好的关联性,但必须提供更深度、更全面的服务,因此价格也更高,能够覆盖自己付出的时间成本。比如,现在各种1对1私教(收费上万元),就是很好的利润产品。

一般来说,利润产品是最先产生的,也是你卖的核心产品,然后才延伸出了引流产品和信任产品。

那么,该如何设计你的纵向产品矩阵呢?

如果是实物产品,可以根据产品的原材料、质地、款式等设置不同的价格阶梯。比如你是卖包子的,可以设置菜包作为引流产品,通过高性价比增加流量。肉包就是你的信任产品,需求量大,价格也会略高一些。小龙虾包为利润产品,旁边放一个鲜活的小龙虾展示区,给客户一种新鲜现做的感觉,建立客户认知。

如果是服务和虚拟产品,可以按照这样的思路:引流课的价格一般在9.9元~199元之间,不超过199元,并且能够让客户获得超过他所付钱款的价值和服务;信任课一般是短期训练营，定价可以在999～2999元之间；利润课是长期陪跑，或者1对1私教，价格一般过万元。

设计产品矩阵的原理就是，客户首先通过一个最低的门槛接触你，进入你的地盘，看到了你超值的价值和服务，促使对方想要更深入地了解你。

2. 横向维度的产品矩阵

横的意思是平行，比如原来卖的是1000元/斤的茶叶，现在开始卖茶壶、茶具等周边产品。

如果你是教人写作的，除了卖自己的写作课程，还可以想想这类人群除了学习写作，会不会有其他方面课程的需求，比如职场办公技能课、演讲课、情商课等。

所以，**设计横向产品矩阵的方法很简单，就是根据相同人群的不同需求，找对应的不同产品**。这里的客户人群是不变的，而产品是不相同但有关联性的。最好是同一个场景下使用的，比如茶叶和茶具，针对的是同一个人群，可以一起使用。

创业刚起步的时候，建议大家不要两条线交叉一起走，因为对很多人来说会过于复杂，不专注也会造成能力提升缓慢，成本投入过高。比如有人刚开始线上创业时，同时做两个定位，既做减重教练，又做文案教练，这样反而会让客户觉得不专业。对刚开始创业的新人来说，建议先聚焦在一个定位上。

在设计课程的时候,也建议你小步试错,先不要做长期课,就像我刚开始做的是两个月的1对1私教班,踏踏实实地把服务做好,口碑自然就好,然后再推出高阶的一年私董会和年度社群。

如果你是刚开始启动个人品牌,可以从短期的一周打卡营、押金训练营开始,不断迭代你的产品和服务。毕竟半年以上的课程,需要一定的运营能力做积累。

读完这一节,你已经掌握了单一产品和产品矩阵的概念和具体设计方法。接下来,你可以开始构建自己的思维体系,它是个人品牌打造的核心。

2.3 思想体系搭建：两大维度，构建你的思想体系王国

搭建思想体系的第一步，要搞清楚一个问题：到底什么是思想体系？

思想体系是关于你个人品牌的各种思想观点，比如你的定位、你的产品，你要让这些内容互相产生联系，然后进行体系化整理、输出。

在这个时候，也许你会说："我在朋友圈卖个货，不做知识付费，也要搭建思想体系吗？"

我的回答是："当然要！"

正如前文所讲的，单纯卖货的时代已经过去了。现在这个时代，不管客户买的是实物产品，还是你的文案、短视频、直播，这些东西都是外在的表象，背后的真相一定是通过一套思想体系建设架构出来的个人品牌。

记住，**思想体系是个人品牌的核心，也是你所有产品的源头**。同时，还是你占领客户心智的一大利器。因为做个人品牌的目的，就是在客户的潜意识中形成一个令人难忘的身份，从

而让客户记住你，有对应的需求时就会第一时间想到你。

如果你想写书，做课程，做服务，做知识付费产品，那么更加需要思想体系作为支撑。如果没有思想体系，那么你的内容就都是只言片语，没办法连点成面，无法广为流传。中国孔子的思想为什么历经2000多年能流传至今，就是因为已经形成了完备的指导人实践的一整套思想体系。

要想构建自己的思想体系，你必须先形成自己的思想观点，然后在思想观点之间建立联系，形成一套言之有物、能够自圆其说的观点。关键是如何在思想观点之间建立联系呢？这里分享两大方法。

2.3.1 逐层拆解法

逐层拆解法，就是将你思想的核心内容进行拆解，得到细小分支，再将分支内容一一补充完整。

这里以如何建立"朋友圈文案写作"的思想体系为例子。

```
                         朋友圈文案写作

    生活圈文案写作          专业圈文案写作              排版细节

    │                    │                        │
    ├─写作方法             ├─写作方法                 ├─段与段空一行
    │  └─一个简单公式        │  └─四步法                ├─一句话不超过 10 个字
    └─写作素材             └─写作素材                 ├─一段话不超过三行
       ├─身份定位              ├─产品"硬广"              └─少用表情
       ├─兴趣爱好              ├─咨询截图
       ├─价值观和愿景           ├─付款截图
       ├─个人生活故事           ├─成功案例
       ├─个人风格展示           └─关键词占位
       └─连载的形式
```

如上图，核心内容是"朋友圈文案"，将"朋友圈文案"拆解成生活圈文案写作、专业圈文案写作和具体的排版细节，又将这三部分内容一一进行拆分。生活圈和专业圈文案写作，也可以分别拆分成写作方法和写作素材两大板块。

其中，生活圈文案的写作方法是一个简单的公式，写作素材又包含身份定位、兴趣爱好、价值观和愿景、个人生活故事、个人风格展示，以及连载的形式六部分内容。专业圈文案的写作方法是四步法，写作素材又包含产品"硬广"、咨询截图、付款截图、成功案例和关键词占位五部分内容。

排版细节包括段与段之间空一行、一句话不超过 10 个字、一段话不超过三行和少用表情这四点。

这样逐层拆解,关于朋友圈文案的知识体系架构就搭好了。

2.3.2 框架思维法

老子的《道德经》里说过:"**道以明向,法以立本,术以立策,器以成事,势以立人。**"这句话的意思是:做事做人要以"道"为根本,讲究"方法"(法)和规律,通过合适的工具(器),采用最好的技术(术),来完成你要达到的目的。

框架思维法就是从这句话中得来的灵感,运用"道、法、术、器、例"这个框架来将你的知识内容、思想观点搭建成一套完整的思想体系。

道:就是你的使命和价值观。你不能光给大家讲知识和思维,还要告诉别人你讲的知识有什么意义,你为什么要讲,想在哪些方面帮助大家达到什么状态。

法:就是具体的思维模型。把你的知识、经验进行浓缩提炼,归纳总结成一套可迁移到其他领域的思想模型。

术:就是方法和技巧。除了要有系统的方法论,还要有让受众立刻就可以去行动的技巧和绝招。

器：就是工具。比如表格、清单、公式、实物产品等可以辅助客户进行知识吸收的工具。传授知识必须给客户工具，就像一个剑客手里一定要有一把剑。

例：就是具体的案例。让大家通过真实的案例，更好地理解你做的事有哪些价值。因为人都是有镜映思维的，只有看到别人是怎么做的，才知道自己要怎么做。

如果你还是不太理解是什么意思，我就拿我的文案课来举例说明一下，其中的"道、法、术、器、例"分别是什么呢？

"道"是我的使命和价值观，就是要用自己的知识和经验帮助更多人通过提升文案写作能力，实现被动成交，轻松赚钱，愉快生活。

"法"，包括具体的朋友圈文案写作方法、软文写作方法、短视频脚本写作方法、海报文案写作方法等。

"术"，包含我总结的具体方法，比如文案写作四部曲：

第一步，从模仿开始，拆解别人的结构；

第二步，语音输出，然后转成文字；

第三步，大声朗读，修改润色；

第四步，好的文案，是改出来的，不是写出来的。

"器"是指各种文案万能公式，客户拿过去就能用。这些都会在后面的章节里为你一一揭秘！

以上这几方面关于文案的内容，我已经全部掌握并且吸收内化，形成了自己完整独特的知识体系。这对于我个人品牌的打造至关重要，也是我写书和给学员上课的根基。看到这里，你对自己的定位、自身产品的认知是否能够体系化输出了呢？

这两种方法，你可以任选其一，逐层拆解法运用的是逐层联想和拆解——抽丝剥茧的方法，适合逻辑思维比较强的客户。第二种是根据横向框架填充内容，更易于上手，难点在于要从多个角度去剖析你的关键词。

最后，我带你来总结一下本章的内容——打造个人品牌的方法和过程。

首先，你要明确自己目前处于哪个阶段，圈定出清晰的客户画像。针对这些客户的需求，专注于生产他们需要了解的内容，提供核心的服务产品。有了一定的粉丝积累之后，再逐步提高自己的价格，以及扩大辐射客户的范围。

其次，打造一个最小可行性产品去进行市场测试，看看这个产品有没有市场，客户愿不愿意购买。同时，你要去收集客户的反馈、好评，以及这个过程中客户遇到的问题和你的解决方案；当跑通整个商业链路以后，就要升级迭代你的产品，设计产品矩阵，包括前端引流产品、中端信任产品、后端利润产品。

最后，也是最重要的一点，你要有意识地搭建自己的思想体系。因为思想体系才是个人品牌的核心，也是让客户真正记住你、了解你的核心。接着，做出有影响力的内容，不断扩大自己的势能。这种势能的提升，可以是通过朋友圈、社群、直播、短视频等不同的渠道进行日常推送，也可以是集中力量做出自带影响力的里程碑事件。

学完这一章，相信你已经具备了打造个人品牌的意识和通过个人品牌变现的思维。接下来的章节，我将带你学习线上创业的另一个引擎——文案变现力。

第三章

文案思维拓展篇

昨天我帮一位律师朋友修改了一条短视频文案，改完后她把视频发出去，点赞量就噌噌往上涨，还被官方推流了。她惊呼："天哪，你改的文案真是太牛了！你是怎么做到的？"

我是怎么修改的呢？你可以先看一下原文：

如何避免投资款打水漂？

问：××律师，我想投资开一个火锅店，怎么避免投资款打水漂呢？

答：第一，财务监控。虽然你不实际管理公司，但投资协议一定要写清楚，每月固定时间实际经营人要向所有股东报告财务报表，最好使用智能系统随时监控收支情况。

第二，优先分红。作为投资人可以要求，投资协议中约定优先给你分红，等投资款拿回之后，再按照股权比例分红。

第三，退股条款。如果实际经营人没有在一定的时间内实现业绩目标，投资人有权要求退回投资款，并由实际经营人支付利息、律师费等。

所以，投资前请律师拟定投资协议，约定清楚财务监管、优先分红、退股条款，是保障你的权益的最好办法。关注我，创业者身边的合同律师。

你有没有发现，这条文案乍一看，是不是有点像在播新闻，甚至像一个机器人，没有亲切感？

我的很多学员也会出现类似的情况，他们都在自己的领域深耕很多年，有非常丰富的专业知识，所以经常会在文案里不自觉地带入很多专业术语。其实，**高手写文案的秘诀，就是多用大白话！**

所以，修改的第一步，我建议我的朋友先不看自己的稿子，把要表达的内容用语音的形式讲一遍，然后我在这个基础上做润色。结果，我朋友向我反馈说："感觉自己输出的文字更有感觉，更接地气了。"

短视频文案的目的是希望建立和客户之间的信任，让客户耐心听完你说的话。最关键的是，在开头就要引起客户的注意力，这样就能够提升视频的关注度和完播率。

于是我问这个律师朋友，有没有相关的案例能够一下子引起客户的关注？他回答我说："曾经用这个方法，帮别人避免了 100 万元的损失。"这个案例太吸引人了，最后，我就在视频的开头加上了这个案例，用来塑造法律价值。

再来看看修改后的文案：

如何才能避免你辛苦投资的钱打水漂呢？

问：××律师，我想投资 20 万元给一个朋友开家火锅店，怎么避免我的钱不会打水漂呢？

这个问题呀，你可真是问对人了，去年我的一个朋友就遇到了这个问题，他找我来咨询。我给他提了三点建议，帮他避免了100万元的损失，赶紧点赞收藏，不然一会儿找不到我。干货马上送到……

第一点，你一定要做好财务监管。虽然你不是管理人，但是既然给了钱，就要把监管给做起来，比如你可以要求他每月的15日，向你汇报上个月火锅店的收支情况，避免乱花钱。

第二点，要在投资协议里，约定好只要公司盈利了，就优先给你分红。开始可以给他固定工资，等到你的分红超过刚开始投入的20万元以后，就按照股权比例分红。

第三点，一定要约定清楚退股条款，比如这个火锅店要在一年内达到100万元的业绩；如果做不到，你有权要求他退回你全部的投入，还要他支付利息和律师费给你。

所以，最好的办法就是在把钱转出去之前，先请律师帮你拟好协议，约定好我刚刚说的财务监管、优先分红、退股条款这三个内容，才是避免你投资款打水漂的最好办法。

关注我，创业者身边的合同律师，帮你在创业路上少踩坑，让你的每一分投资都没有后顾之忧！

修改后的内容是不是更容易理解呢？而且开头部分加上了价值包装，更能吸引精准客户的注意力，所以观看量和点赞量上涨得很快。

其实，做文案变现教练以来，我最常收到的反馈就是"看了思林老师改的文案以后，才知道前后的区别有多么惊人"。

回想我自己，在找定位期间上了大大小小上百节个人品牌和营销相关的课程，刚开始也是奔着个人品牌而去的。后来，我转向了文案教练赛道，也正是因为文案的魅力，远远超乎我的想象！

这一章我会从文案思维开始，带你走进文案的神奇世界，教你掌握如何找到源源不断的写作素材，轻松撰写出吸金又吸睛的文案。

3.1 文案价值洞察：拥有文案力，百倍放大你的个人品牌商业价值

3.1.1 文案是品牌的放大器

其实，做个人品牌为的就是提升影响力，而文案是个人品牌力和影响力的放大器。如果想让受众了解你，文字和语言是最好的渠道。在这个"酒香也怕巷子深"的年代，会写作的人可以将自己的能力、思考和经验，通过文字的方式让更多人看到和了解。当你把文字发出去以后，它每时每刻都会为你做传播，通过互联网让更多人看到，进而提升你的影响力。所以，文字就是你的"24小时代言人"。

明晓如何写文案，懂文案背后的心法，那么无论是打造个人品牌，还是卖货、宣传自己，都会变得很容易。因为不管是朋友圈文案、自我介绍、课程介绍文案，还是产品的介绍文案等，都需要通过文字来呈现，所以文案就是你能力最好的放大器。

3.1.2 文案能影响客户的心理

相比写作,文案最大的不同之处在于,文案不仅仅是文字本身,它的背后是深度的营销思维。营销的背后,是心理学,也是人性。精通文案写作的人能通过文字来影响客户的心理,从而达成自己的目标。所以,一条好的文案,能够让看到的人知道你想表达什么,并立刻给予良性的回应。

3.1.3 好的文案,能帮你引流

文案不仅可以卖产品,还能推销你自己,被动引流的本质就是向别人推销你自己。人人都想获得流量,如果别人没有被你的自我介绍、出场方式,以及被你这个人所吸引,他就不可能添加你为好友。

好的文案思维,能让你更清楚地知道客户喜欢什么样的人,喜欢什么样的文字,你可以投其所好地去展示自己。让人心生喜悦的人,自然会得到更多的机会和更多贵人的相助。我曾经用一条自我介绍文案,一夜之间在一个群里引流了上百人。这

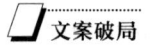

条自我介绍文案,在后面的章节会为你揭秘。

3.1.4 好的文案,能助力销售

文案,本质上就是卖货的文体,是为了销售而生的。很多人可能不擅长演讲,不擅长面对面销售。但是,如果你愿意写文案,依然可以做好"销售"这样的工作。

在朋友圈里,你一定也被某些文案打动过,本能地就买了某一个人的东西。其实很多做得好的社交电商,都是非常好的文案创作者,能够用文字打动客户,实现自动成交。优秀的文案创作者深谙客户心理,知道客户最喜欢看什么样的文字,最容易被什么类型的文字打动;能够找准客户群体的需求和痛点,把产品的优点、特色描写得让客户感觉产品就是为自己而生产的。比如这条文案:

既想熬夜,又想每天精致又美丽的你,需要的是……这款熬夜神油!

你是不是每天告诉自己要早睡,但是一到晚上,时间稍不注意就流逝了……

熬夜真是好难戒啊，有没有？

一天的时间，只有漫长的黑夜才能独处，那句话怎么说来着？

"我熬的不是夜，是自由。"

熬夜是自由了，脸色就不好了，熬得越晚，脸上就越蜡黄，越没光泽，甚至还会影响到第二天涂隔离不服帖。

什么？听说这个朋友竟然加班到两点，第二天气色还是很好，一点都看不出来昨晚熬过夜。

原来，她用的就是……"××角鲨烷修颜油"。

你一定会问……角鲨烷是什么？这个可厉害了，能够牢牢帮你锁住那些被熬夜蒸发掉的水分……

送给不可避免、总会熬夜的你……心动不如行动，赶紧点我的头像，马上下单吧！

你看了这条文案后，是不是也很心动？我修改后让学员发出去，马上就收到了新订单，而且客户二话不说直接转账。那么，这条文案的魅力在哪里呢？

首先，在写文案之前，一定要先搞清楚一件事：市场上同类产品那么多，你的产品特色是什么，能帮客户解决什么样的痛点问题？

所谓痛点，就是客户在生活中所担心的、纠结的、不方便的困扰。文案的目的，就是告诉客户，你的产品能解决他所担

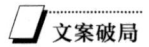

心的问题。

在写像上文提到的护肤品文案之前,你可以先去抖音、小红书等平台看看客户的痛点是什么。这些痛点,就藏在评论区客户的原话里。从中你会发现,职场白领作为潜在客户,有四大痛点:

·因为长期受电脑辐射影响,屏幕的静电作用会导致脸部充满污垢;

·上班族一天至少八个小时待在写字楼的空调环境中,午后就会出现皮肤缺水、紧绷、出油、脱妆的问题;

·经常需要"走南闯北",城市差异加上飞机、火车行程紧密,皮肤很容易出现干燥、过敏情况等;

·不管是因为加班或参加派对,还是因为带孩子而熬夜,隔天都会有很多皮肤问题。

大家记住,一条文案只需针对客户的一个痛点问题展开。在上述四个痛点中,我注意到第四点因为熬夜而产生的皮肤问题,和产品的卖点"能够牢牢锁住熬夜蒸发的水分"相匹配,于是我选择围绕第四个痛点进行阐述。所以这条文案的写作,分为以下四个步骤:

·**正文先描述痛点。**描述的过程中引用原话"我熬的不是夜,是自由",使文案更有对话感,也更容易引起共鸣。

·**接着引用了一个成功案例现身说法。**熬完夜还能够精神满满的秘诀到底是什么？就是用了这款修颜油，从而引出产品。

·**再用产品的成分来塑造价值，建立信任。**因为内含角鲨烷，功效是能深度锁住那些水分，让需要熬夜的客户从此没有后顾之忧。

·**最后加上行动指令，引导客户下单。**

这样一条文案就出炉了，仅用了一个公式：**"痛点＋成功案例＋塑造价值＋行动指令"**就搞定了，是不是很简单？

所以，当你戴上了一副"品牌"的眼镜，再加上一副"文案"的眼镜，去看这个世界时，你就会发现世界上所有的营销方法，都尽在你的掌握之中。不论你是想快速打造个人品牌，还是想实现快速成交；不论你是想通过文案赚钱，还是想通过文案思维赋能，你都需要开启这次神奇的文案之旅。

3.2 重塑客户思维：找准客户需求，打造你的自动赚钱机器

你是否觉得现在想卖货特别难，招学员也很不容易？

其实，并不是赚钱难，而是你需要先转变思维方式，先掌握写文案的底层逻辑。很多人做营销，思维还停留在"我有什么"，而不是客户需要什么。不管是想引流，还是想成交，你设计的流程、写的文案是否有吸引力，都取决于你对客户需求的了解程度。

3.2.1 三个步骤，挖掘你的产品好处

我看过很多销售在介绍自己的产品时，把自己产品的各种特点、好处告诉客户，但结果却是讲得越多，客户越迷茫。其实，客户没有那么关心你的价格是不是够便宜，产品究竟有多特别，他只关心自己能获得什么利益和好处。所以，最有效的方法就

是告诉客户，买了你的产品会给客户带来什么样的改变、价值和好处。

所以，转变客户思维方式是王道，也就是说，你要站在客户的角度，思考和讲述你的产品或者课程能给客户带来哪些实在的好处。

比如，如果我这样介绍我的文案课程："我花了30多万元，报了很多付费课程，结合自己的实践经验，总结了一套厉害的文案变现方法。"那么你看完以后肯定会想，这个跟我有关系吗？

如果我说："别急，我的'文案高手1对1私教班'，会把所有学到的方法，统统都教给你！"这个跟你就有关系了，对吗？

再举一个例子，当你描述一款充电宝"有足足10,000毫安容量"，你可能没感觉。但如果我说："这款充电宝，有足足10,000毫安容量，充电续航能力持久，所以出门不怕手机没电。"这样你就知道买这款充电宝有哪些好处了，对吗？

你不能直接说："买这款充电宝，出门不怕手机没电。"别人不会相信。所以，在介绍产品的时候**得先说属性，引出产品具体的功能和作用，最后再说好处**。对充电宝来说，产品的功能就是充电续航能力持久，好处就是出门不怕手机没电。

我把这个方法叫作"**好处挖掘三步法**"，依次挖掘产品的

属性、功能、好处。这样写就能让客户感受到你的产品特色是什么，具体能带来哪些帮助，客户能从中得到什么好处。

比如，我是这样销售我的文案高手私教班的：

属性：我的文案高手私教班，是1对1给你上课的；

具体的功能和作用：每条文案手把手修改，1对1解决问题，你会得到有针对性的反馈和指导；

对客户的好处：学完以后，马上就能用五分钟的时间，写出一条"吸金"的朋友圈文案，让陌生人为你付费。

这样写，客户读完以后就会马上知道，学完我的课程后能用五分钟的时间写出一条"吸金"的朋友圈文案，带来实实在在的收入。如果客户的痛点是不会发朋友圈，发了朋友圈没有转化和变现，那一定毫不犹豫就报名了，对吧？因为我就是针对客户的痛点来写的，那如何挖掘客户的痛点呢？我会在下一节为你介绍。

3.2.2 两种方法，挖掘客户痛点

在写文案的过程中，描述客户痛点非常必要。因为光描述产品的好处还不够，即使把产品说得天花乱坠，客户也未必买单，

因为他们觉得自己不需要。换言之，就是"不痛"。所以，想要让你的文案打动客户，最关键的就是让他们察觉或体会到"痛"。

只有当一个人感到足够痛的时候，他才会有强烈的改变意愿。比如一杯水，平时你可能喝，也可能不喝，都无所谓。但如果在沙漠中，你不喝就会死，你还无所谓吗？所以，大家写文案的时候要有痛点，成交的时候也要学会挖痛点。

再举一个例子。你走在马路上，有警察拦住你，提醒你戴口罩，你可能会不屑一顾。如果他跟你说："现在疫情严重，万一因为没戴口罩，把病毒传播给家人，年幼的孩子和免疫力低下的老人，他们该怎么办？"这个时候，你还会不戴吗？所以，**说出客户的痛点，最根本的原因是为了引起客户的重视。**

接下来，请记住一句话：**"客户买的永远不是你的产品，而是一整套解决方案。"** 能帮你轻松实现业绩翻倍的，一定是你的产品能帮客户解决某个问题。所以，思考一个问题：你的客户会去哪些地方找解决方法？拿减肥产品来说，为什么你的减肥产品卖不出去，你有真的了解过你的客户吗？你知道客户的需求是什么吗？

比如，短视频里的"瘦下来，才知道什么是腰""被误认为孕妇""脸大得跟盘子一样，双下巴都可以挂个水壶了"，这些都是客户的原话。如果你在文案中用了原话，客户是不是就会很好奇，有欲望看下去。而且，会不会感到格外亲切？是不是比单纯介绍产品要好得多？所以，**不管你做什么行业，关键都是要百分之百为你的客户着想。**

看到这里，估计你会问，**如何找到客户的痛点？其实，就两种方法：一种是从客户嘴里说出来的，一种是你自己找到的。**平时可以多和客户聊天，每个来找你做咨询或者报名你课程的人，最想解决的问题就是痛点。

比如，当有学员咨询我的文案课程时，我一开始就会问：报名的原因是什么？想解决什么问题？有些是想通过文案更好地卖货，提高业绩；有些可能是全职宝妈，想通过文案拥有一份收入，贴补家用；也有些是白领，想开辟副业渠道等。如果把这些痛点收集起来，无论后续是发朋友圈，还是想成交，都会是很有说服力的素材。

另外，你还可以去任何你的客户可能聚集的地方，比如知乎、微博、小红书、抖音、视频号等平台浏览。记住，我们不是去看产品，而是去看评论区的留言，也就是客户的原话！如果是知识付费行业的，就去看荔枝微课、千聊等平台，去研究相似课程的海报上有哪些痛点可以借鉴参考。

这里列举一下最受关注的痛点。

1. 与赚钱相关的痛点

与赚钱相关的痛点，可以从以下角度挖掘。

从孝敬父母的角度挖掘："眼睁睁看着父母辛苦依旧，自己却无能为力"。

从自身的经济状况挖掘："知道你为什么不会搭配衣服吗，因为根本买不起一整套""努力的意义就是，在家人想花钱的时候，我能豪横地说：买"。

从具体的场景挖掘："同学聚会，看到同学们穿得光鲜亮丽，讨论车子房子，我自卑地想钻进地缝里"。

从经典电影片段挖掘：电影《我不是药神》里有句经典台词：世界上只有一种病，叫穷病。

2. 全职妈妈的痛点

对于全职妈妈这个群体，深入了解以后，你会发现这个群体的痛点很多都是**关于孩子的**，比如"孩子要上兴趣班，投入不断"。

从自己的角度挖掘："没钱生娃，差点丧命，钱才是女人最大的靠山""全职妈妈，混得连一个朋友都没有，有时候心情不好，都不知道和谁聊天"。

从家庭环境和地位挖掘："上有老下有小，不敢换工作，不敢生病""在家里一点地位都没有，做饭要看老公脸色，拿钱更是"。

3. 普通白领的痛点

普通白领的痛点可以**从单份工资的角度挖掘**："因为你全是死工资,没有副业""找个稳定的工作,是最大的谎言"。

从具体的生活场景角度挖掘："买东西时,货比三家,只为省下几块钱""提起理财,月光族钱都没有,还理什么财""经常加班到凌晨,却拿着3000元的月薪"。

4. 社交电商的痛点

社交电商群体的痛点**大多是和朋友圈文案相关**的:"天天刷屏'硬广',被人屏蔽""不知道怎么写文案,只会发广告""不知道客户群体是什么,没有针对性地发广告"。

和客户成交相关的: "不知道怎么和客户建立信任关系""招不到代理,越做越累"。

5. 身体疾病的痛点

鼻炎的痛点。可以把难受的细节给描述出来:"鼻炎十几年了,打喷嚏,流鼻涕,严重的时候流鼻血,引起结膜炎,眼睛痒得都想抠出来""天气变冷,鼻炎更严重,堵得厉害,整天只能用嘴巴呼吸"。

宫寒的痛点,大都和痛经相关。比如,"每个月都痛得坐也不是,站也不是。严重的时候,吃止痛片都没用,简直要了大半条命""姨妈不是提前就是拖后,经常痛经,说不出的难受""不管天冷天热,小肚子总是冰冰凉凉的,有次姨妈刚走,喝了杯加冰的可乐;下次姨妈来的时候,就痛得死去活来"。

中老年人烦恼的关节炎。要描述具体的场景:"膝盖疼,走不了远路、爬不了楼梯、登不了山""骨刺好几年了,疼起来像针扎,人都起不来,一头的汗,别说出门买菜了,在家都要别人帮忙"。

6.办公室一族的痛点

上班族的痛点,最常见的就是颈椎问题,"点头、仰头、转头都很困难,一动起来就能听见骨头咔咔的声音"。还有**失眠**,"眩晕,头痛,经常落枕,睡眠不好,注意力不集中,记忆力减退"。

上述罗列的痛点供你参考,你也可以结合自己的产品,用前文教的方法去挖掘你产品的痛点。另外,**找到痛点以后,还要让客户感受到,才能发挥百倍的威力。具体应该怎样做呢?**

首先,进行场景化描述。你可以对比以下两种说法:

第一种:不想越来越胖,就赶紧来减肥。

第二种:如果你不想坐十次公交车,九次被当成孕妇,赶紧来减肥;如果想要在闺密聚会拍照的时候,不再害怕站在前排,那就赶紧来减肥。

你觉得哪个更能戳中你的内心？肯定是第二种，所以在痛点里加入场景，客户会代入自己去想象，文案就会更加深入人心。

其次，具体描述不良后果。同样先来对比以下两种说法：

第一种：忙了一天，似乎啥事也没做。

第二种：忙了一天，似乎啥事也没做，长时间效率低下，完不成老板的任务，自己心累不说，还整天担心被"炒鱿鱼"。

当你说了后果，是不是更能引起客户和潜在客户的重视？

所以，一个痛点代表一类群体。痛点写得好，就能让你的文案发挥百倍的威力，客户来一个成交一个。**而找痛点的核心就是足够了解你的客户。**

其实，客户思维不仅能帮助你提高业绩，还能提升你为人处世的能力，拉高你的思维层次。因为**客户思维不仅渗透在一个人的言行里，更渗透在一个人的价值观里，表现在看待问题的观点和态度上，也体现在处理事情的方式和方法上，还体现在一个人的语言表达上。**

拥有客户思维后，在摆放物品时你就会想到如何方便下一个人使用，也会想到客户在使用产品时怎样才能更便捷、更舒适、更安全、更可靠。包括你发出去的每一个文件、每一则通知，写的每一篇文章、每一份材料，都一定要让别人看得清、听得懂、理解得透。懂得成就他人，想他人之所想，不仅是客户思维，也是一种人生哲学。

3.3 素材灵感探索：如何写，才能拥有源源不断的文案素材

刚接触文案的你，有没有这种感觉？有时一整天都没什么特别的事情，或者连续好几天做的事情都是重复的，实在没有可写的素材，该怎么办呢？这一节内容，我会帮助你打开思维，拥有源源不断的文案素材。

首先，请你回忆一下，小时候学写作文时，刚开始也不会写对吧，那时你是怎么办的呢？是不是买了一堆作文书？先参考和学习别人是怎么写的。如果写文案没有思路，也可以大量翻阅相似文案，领悟其中的精髓，比如语句的先后顺序，语言的精炼程度，整体文案的逻辑性。通过大量的拆解和刻意练习，从而形成自己的风格，直至超越。

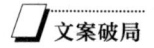

3.3.1 三个维度,拓展你的文案素材

接下来,大家从三个维度来拓展一下思路。

第一个维度:让你印象深刻的人和物

写文案的时候,你可以先回顾一下,这一天有没有让你记忆深刻的事。从你的一天中任意截取一个场景,看看这个场景里,**有哪些人、哪些物。这就是第一个维度。**

比如你在家带孩子,可以写孩子今天做了一件让你印象深刻的事,比如孩子懂事了,主动给你倒水,或打扫家里卫生。你也可以写回忆,想起了孩子刚出生的时候,觉得自己是最幸福的妈妈,现在眨眼间孩子都这么大了……也可以写物,孩子爱玩玩具,对吧?过往人生中有关玩具的事件,有没有特别值得的回忆呢?能不能联想到一些事?这就来到了第二个维度。

第二个维度:时间维度

比如回想起你小时候和小朋友抢玩具的事,怀念无忧无虑的童年。或者小时候看到玩具很想买,但当时没有那么好的经济条件,感叹现在的孩子是多么幸福。

你发现了吗?就是一件事、一个人或者一个物件,你可以写现在，也可以回到过去，还可以辐射未来。不要把目光局限在今天发生的事情上。**这是第二个维度，时间维度。**

第三个维度：衣食住行

衣、食、住、行、娱乐、奋斗，这些方面能写的素材太多了。

"衣"可以写什么？我给你提供三个方向：

·**为什么买？**业绩没完成，被老板骂了一顿，心情不好，去买衣服，释放压力；业绩超额完成，心情大好，奖励一下自己；或者今天是结婚纪念日，买件衣服送媳妇。

·**跟谁去买？**这是另一个方向。比如你和老公一起，他买单，突出你俩恩爱，"撒狗粮"。

·**买衣服的时候，发生了什么？**这又是另一个方向的素材。比如，服务员很会说话，把你夸得心花怒放。这个时候，可以总结一下：任何一个行业，懂得客户心理，客户就会心甘情愿掏钱。又比如，服务员态度特差，所以你没买。你也可以这么写：你的工作态度，决定了你的工作业绩。

你看，买衣服这一件事，就有三个方向，你为什么买，谁陪你买，买的时候发生了什么。每个方向里，人和物都不同，也是不同的素材。还可以回忆过去，小时候买衣服，学生时代买衣服，刚毕业的时候买衣服，第一份工资买衣服，等等。每一次的心情都不一样，发生了不同的事，这些都是素材。

文案举例①：

我的天，逛街比上班还累！

话说，昨天和先生出门买衣服，其实我不太爱逛街，平时有这时间一般都用来学习。

前几天公司发了很多优惠券，于是只能硬着头皮出门。

逛了一下午，我有一种深深的感觉——

逛街比上班还累！（有没有同款，哈哈）

以上这篇文案，表达的是"我"平时不太爱出门逛街，很少会花时间买衣服，一般业余时间都用来学习。为了展示自己最真实的生活状态，吸引同频的人。具体的文案写法，会在后续章节展开。

接下来说说"食"这个维度，也提供两个方向供你参考。

比如印象深刻的餐厅。 从人的角度，可以是跟老板聊天，觉得做生意真不容易。可以讲老板的故事，他曾经负债累累，现在拼搏一番，开了连锁店。得出最后的观点是：人只要奋斗，就能出人头地，让家里人过上好日子。也可以讲别人的故事，旁边有个西装革履的男士，一边打电话，谈着几百万元的项目，一边往嘴里塞面条，然后急匆匆走了。最后总结：你看到的是别人的光鲜亮丽，看不到的是别人背后的努力。

你还可以秀自己的厨艺。 可以说说自己学厨艺的故事，曾经完全不会,现在是个美食达人。或者在饭桌上,一家三口聊了什么有意思的事,聊孩子、聊八卦、聊工作等,这些都可以写。

文案举例②:
爱就是在一起,吃好多顿饭!
每周末都会和先生一起,出去吃一顿大餐。
昨天晚上也是一样,虽然排了挺久的队,可是看着端上来的饭菜……
摆盘特别精致,让人赏心悦目。
其实,吃什么不重要,关键是和谁一起!

这条文案写的是我和先生每周都会一起出去吃饭,其实我们创业的最终目的都是,希望通过自己的努力让家人过上更好的生活。所以哪怕再忙,也要记得陪伴家人,这就很容易引起客户的共鸣。

文案举例③:
一个话痨的背后
今天早上去一家店吃面,看到有个老太太,拉着服务员的手,一直在和她聊天。
等老太太走了以后,服务员一脸无奈地对我说:

文案破局

"每天早上都要听她唠叨一个多小时。"

于是我说:"老太太一定是家里没人陪伴,所以只能来店里和你说,其实很可怜。"

(没想到服务员也附和道:"她确实是一个人住。")

说到这里,我心里挺难受。

其实,父母老了以后,他们最希望的,或许就是子女的陪伴,和有一个能说说话的人!

这条文案,讲的是我去面馆吃面时碰到一位老人的故事,可怜的她特别需要家人的陪伴,所以跑去面馆找人聊天。其实,全天下的父母都是一样,希望子女多陪伴自己。我发这条文案的初心,也是希望更多人能够意识到这一点,千万不要等到为时已晚才追悔莫及。

接下来,关于"住",你可以写与住酒店有关的故事。 比如你为什么选择这家酒店、同住小伙伴的故事、酒店见闻、工作人员的故事等;除了酒店,再看看家附近,邻居的故事、周边小店的故事、保安的故事等。这些是不是都是素材?

文案举例④:

妈妈的理想生活

最近总会刷到各种农家生活小视频,看的同时,想到自己小时候也经常会问妈妈：

"妈妈，你理想中的生活是怎样的？是有很多钱？还是住豪宅？"

妈妈当时告诉我，其实都不是。她的心中一直有个梦想，那就是我们一家人住在一间有后院的房子里。房子不需要很大，每天在院子里，养养花、种种菜、晒晒太阳，做一顿美食。

这就是理想中最美好的生活。

每当想起妈妈说的这些话，我就会更有动力。因为我希望能够通过自己的努力，实现妈妈的理想，让妈妈早点享清福！

这条文案，讲述的是我妈妈的理想，就是住进一间有院子的房子里，一家人在一起过平静、安稳的生活。所以，我更加激励自己要好好努力，早日让妈妈享福。相信这条文案会引起很多人的共鸣。

接下来是"行"，出行的方式有很多——火车、飞机、船、地铁、汽车、自行车等，是不是也有很多素材？比如你为什么出去、你的目的地是哪里、路上看到哪些见闻、回想到以前什么事等。

文案举例⑤

我们一定会共同渡过这道难关！

今天坐地铁时，发现车厢内少了好多人。

估计因为疫情的原因，很多人居家办公了。

说不出什么心情，就是希望疫情早一点过去。

不会再有人有家不能回、贷款还不上，不会再有实体店倒闭的事情发生。

希望这段艰难的时光，可以顺利度过。

未来继续彼此温暖、互相照亮！

这条文案是我看到因为疫情地铁上的人少了，情绪上受到一些影响，内容很真实。期望这一切都会过去，生活早日恢复往常的热闹。

还有娱乐类，你平时是否爱旅游、爱健身、喜欢玩游戏，或者看电影？这些都可以展开写。

文案举例⑥

能和自己心爱的人慢慢变老，也是一种幸福！

吃午饭的时候，我拿手机刷视频，看到一部几年前上映的电影——《时空永恒的爱恋》。

如果时光不再留下岁月的痕迹，当脸孔不再有皱纹的担忧，这样的人生，是你想要的吗？

主人公就是这样，拥有不会变老的容颜。

可是，她活得特别不快乐（因为身份的原因，不得不一次次和爱人离别)。

直到影片的最后,她发现自己有了一根白发,因为意外又恢复成正常人,她竟欣喜若狂地说:"太好了,我能变老了!"

所以,我们在追求自己梦想的道路上,千万别忘了珍惜你已经拥有的一切!

这条文案写的是我的观影感悟,看完《时空永恒的爱恋》后,感受很深刻的一点:我们每个人都渴望长生不老,但那些真正实现的人却因此感到特别苦恼。所以,千万要珍惜自己目前所拥有的生活。

再说个思想类的。 如果你实在不知道怎么写,最简单的方法就是,买本和你定位相关的书,每天读一页。从这一页上学到了什么,受到什么启发。发一下与看书相关的朋友圈,还能让别人觉得你是一个积极有正能量的人。

文案举例⑦

一切底层逻辑都是相通的!

昨晚临睡前,我花了45分钟,看完一本文案书。

接着我就在想,为什么这么快看完了?

于是,我发现一个秘密。

不是因为我的阅读速度快了,而是我文案类的书看得多了。

所有知识的底层逻辑都是相通的，阅读起来自然也就轻松了！

这条文案是我读书的感悟。我发现自己看书的速度越来越快了，是因为文案知识的底层逻辑都是相似的，我在文案领域研究多年，知识储备多了，阅读同类书的速度自然也就快了。同时，这条文案还展示了我爱学习的形象。

按照这个思路继续思考，你会发现其实你的素材就在你的生活里，只要你用眼睛去看、耳朵去听，用心去感受。就像小朋友写作文，为什么能越来越好，就是靠多写多练。写得多了，素材就会越来越多，因为在写作的过程中养成了用心观察和积累的习惯。所以，学习文案可以让你的思维能力得到明显的提升，让你在人群中迅速脱颖而出。

3.4 文案基础写法揭秘，让你下笔如有神

很多人刚接触文案的时候都有一种感觉，就是不知道从何下手，哪怕有很多素材，大脑也是一片混沌。还有的人担心自己文笔不好，怕写不出来。其实，只要掌握了规律和逻辑，小白也能写出好文案。接下来，就分享具体的文案基础写法。

3.4.1 善用催眠词汇

文案人和催眠师最大的区别在于，催眠师用怀表给人催眠，文案人则是用笔。这里所谓的催眠，当然不是让人睡觉的意思，而是指客户被你写的文字深深吸引，从而不由自主地跟着行动。**写文案的最终目的是，希望用户跟着你的指令给予回应。**

当你构建一个场景，勾勒一个故事，让客户慢慢地进入情境并且陶醉其中时，客户就会对你产生信任，从而采取行动。这就是文案催眠发挥了神奇的威力。那么，催眠词汇有哪些呢？

一共分为以下五种：

1. "你"

文案中一定要多用"你"，毕竟人只关心对自己有用的东西！大家可以比较以下两种说法：

第一种：如何快速卖货。

第二种：一个让你自动收钱的卖货方法。

在第二句话里，当我使用"你"时，你马上就能感受到这事与你有关。同样地，你的潜在客户也会发现你在跟他说话，为他而写。所以，**大家在写文案的过程中要多用第二人称，不断强调"你"**。这一点，也同样适用于群公告和给客户发私信，甚至是在主持的时候，不管在线上，还是线下，都尽量不要再说"大家好"，可以直接说"你好"。

2. 阿拉伯数字

阿拉伯数字的催眠作用，体现在更能吸引眼球。你可以比较以下两种说法：

第一种：我在怀孕期间读了一百本书。

第二种：我在怀孕期间读了 100 本书。

是不是第二种更吸引你？另外，还有"3 个步骤，4 张表格，5 个动作，做好这 8 点"等等，都能瞬间吸引你的注意力。

3. 惊叹词

激情是会传染的，能让周围人被吸引和感染。当你在文案里放入惊叹词，客户就会忍不住目光停留。比如：天啊、小心、注意、太牛了、太嗨了[1]、简直惊呆了等。

4. 新闻词汇

在文案里用上新闻词汇，能让客户迅速产生一种马上有大事发生的感觉。比如：全新、新款、最新到货、上市、突发、宣布、曝光、终于、突破、发现、刷屏、风靡等。

5."免费"

人对免费的东西一般都没有抵抗力。比如："日入 74 万元的收钱秘籍，现在你可以免费领取啦！"

---

[1] 网络用语，意思为太高兴了、太兴奋了。

3.4.2 魔力开头设计

一篇好文案,应该在一开头就抓住客户的注意力。那么开头应该怎么写呢?下面介绍几种有魔力的开头类型和句式。

1. 魔力开头类型

· **以震撼结果作为开头**。就是运用一系列的数据,展示美好的结果,引发客户的关注。比如:

"26 小时收 74 万元,骗鬼呢!"

"居然有个陌生人,翻遍了她的朋友圈,没有说一句话,直接给她转账 23,800 元!"

· **以好处或者痛点作为开头**。好处能够勾起用户对美好未来的憧憬,痛点能够引发客户对过去的回忆,两者都能调动客户的情绪并引起共鸣。比如:

"想想,如果当初我的课程学费只要 12,800 元时,你就报名了。现在 3 个月赚百万元的人,会不会是你?"

"想象一下,如果现在日入 74 万元的人是你,你准备怎么花这笔巨大的财富?"

"你也可以在短短一个月内,赚到前面 11 个月都赚不到的钱!"

·**以悬念作为开头**。也就是先设置悬念,抓住客户的注意力,激发客户的阅读欲望。比如:

"看到这个结果,她竟然突然尖叫起来!"

"这句话,将会关系到你未来整整一年的财富!"

·**预设结果型开头**。也就是先告诉客户,看完这条朋友圈,能得到什么好处。比如:

"当你看到这条朋友圈时,你就会发现,学习文案能让你的赚钱速度增加好几倍!"

"在你一字不落地看完这条朋友圈后,你就会发现一个极速收钱的新方法!"

·**下指令型开头**。发起"想象一下""回忆一下"的指令,客户就会不由自主地跟着你的文字开始想象。比如:

"想象一下,你今天晚饭吃了什么?"

"想象一下,如果你继续这样下去,永远都不可能实现日入过万……"

"回忆一下,那些曾经不如你的人,现在却比你多赚十倍……"

2. 魔力开头句型

·**以"如果……,那么……"句型作为开头**。满足"如果"后面条件的客户就会跟着看下去。比如:

"如果你想知道,如何用文案实现自动成交,那么接下来的内容,你一定要一字不落地看完!"

"如果你也想从现在开始,实现轻松赚钱,潇洒生活,那么这本书的全部内容,你一定要好好看完!"

· 以"你是否曾听说过……/你是否会想起……"问句作为开头。这样能够轻松吸引客户的注意力,引发联想。比如:

"你是否曾听说过,有人用了这个方法,轻松实现年入百万元?"

"你是否会想象自己一边在沙滩上度假,一边听到支付宝到账 1 万元的感觉?"

· 以"你可能知道/聪明的你一定知道/你一定听说过/每个人都知道/很少有人像你一样知道……"等作为开头。客户就会不由自主地在脑海里思考,自己到底知道吗?比如:

"你可能知道,学会朋友圈文案,收钱很厉害。"

"你可能知道,现在大环境不好,到处都是裁员、降薪的消息。"

"每个人都知道,我能做到日入 74 万元的原因,就是做对了这点。"

"你一定听说过,徒弟跟我学习 3 个月后,就从 0 做到了月入 10 万元。"

3.4.3 吸睛细节：副标题居中

在文案里，我们会把一些关键信息居中，这个叫作副标题，为的就是让客户一眼能看到。如果是用在朋友圈，一般出现在第五行左右，因为超过六行，就会被折叠。**居中显示能引导客户继续阅读**。比如：

不经一番寒彻骨，怎得梅花扑鼻香？
一年多前的我，还在经历产后抑郁，整夜失眠，掉头发。
    不知道自己的未来在哪里。
幸运的是，我抓住了机会，走进全新的圈子，看到了一片崭新的世界。在这里，我一步一个脚印，完成了可能我这辈子都没想过的事。
    每天为了目标，努力向前。
所以，特别感谢曾经的自己，在困难面前，没有放弃，找到了更精彩的人生赛道！

这条文案中的"不知道自己的未来在哪里"和"每天为了目标，努力向前"，两句都是副标题，居中设置能让客户一眼就看到，引发客户的思考，吸引客户继续往下读。

3.4.4 段落尾部多用问句

段落的结尾,也就是每一段的最后一句,如果用疑问句或者反问句,可以引起客户的好奇心。因为人的好奇心有很强的驱动力,客户会跟着你的问题,不由自主地思考。比如:

"她半年都没搞明白的事情,今天 5 分钟就解决了,你猜发生了什么?"

"我刚刚去健了个身,一边在群里讲课,一边收了几千元钱,这样的生活,难道不是你想要的吗?"

"她说自己一点信心没有,朋友圈一潭死水,结果按照文案方法写了几条,就开始咔咔收钱了。到底写了什么,你想知道吗?"

段落尾部用问号,会产生一个效果,就是客户看完以后,心里会不由自主地给出答案。客户想知道自己的答案对不对,就一定会接着往下读。

3.4.5 结尾行动指令清晰

结尾的行动指令,也就是你文案结尾的"硬广",一定要足够具体，并且在写完行动指令之后，不要再写其他内容。别小看这个细节，它至少可以帮你多赚一倍。因为人的大脑，接到指令就会去行动。

比如："立马微信转账""立即扫下方二维码"。

3.4.6 标点符号的妙用

1. 问号"？"

问号，会让人不由自主跟着思考，比如下面这两句话：

"难道你不想日赚1万元吗？"

"难道你就真的甘心继续这样生活吗？"

看到问号，你内心是不是已经在心里回答了？

2. 括号"（ ）"

括号，有两个作用。第一个作用是让人更关注括号里的内容，加深印象，相当于再解释一遍括号前面的内容。第二个作用，你能忍受只看到半个括号的句子吗？通常是不能的，所以一定会接着往下看，这里就利用了**人性不能接受不完整的东西的心理**。

比如:"昨天,我一个学员(就是3个月赚100万元的那个)对我说……"

这句话中,括号里的"3个月赚100万元的那个"解释、强调了是什么样的学员,增加了客户的印象。

3. 引号" "

引号,和括号的作用相似,都是让人更关注你说的内容,就像日常对话一定会用引号,就是为了强调说了什么。

比如:凡是报名我的"极速吸金文案共创圈"的学员,都开始用文案变现了。这句话里,强调了"极速吸金文案共创圈"这个关键点,客户一眼看过去就知道重点是什么。

4. 省略号"……"

看到省略号,你是不是就会觉得对方的话还没说完,忍不住想继续看下去?那客户看到你文案里的省略号,也会有同样的感受。比如:

"当你看了这本文案书,你是否已经感受到……文案的巨大威力?"

今天,一个学员跑来报喜说……"我刚在群里做了一场分享会,轻松收了8个付费学员"。

这样写,客户会忍不住看下去,直到看到省略号后面的内容才罢休。而省略号后面的内容，正是重点和关键信息。

通过本章节的阅读，你已经感受到文案是个人品牌的放大器，同时了解到学习文案一定要先拥有客户思维，并且知道如何获取源源不断的写作素材，以及基础的文案写法。下一章节，我会带你进入具体的写作环节，讲解如何写好朋友圈文案、短视频文案、海报文案，以及各种长文案，带你玩转微信生态圈。

第四章

文案变现引爆篇

在互联网时代，想在线上创业赚到钱，流量尤为重要。因为如果没有人，你压根没办法把产品或者课程给卖出去。

流量分为公域流量和私域流量。公域流量，通常是指通过百度、搜狗、360搜索等搜索引擎，淘宝、京东、拼多多、美团等电商平台，抖音、快手等短视频平台，以及今日头条、简书、知乎、小红书等自媒体平台**这些外部渠道获得的流量**。

私域流量通常是指微信服务号、订阅号、小程序、视频号、企业微信、个人微信、社群等基于**微信生态的流量**。

然而，现在公域流量的获客成本变得越来越高。有相关数据显示，前几年通过公域流量获客的成本，可能一单只要几块钱，但现在至少增加了十几倍，甚至几十倍。

另外，公域流量的优点体现在运营初期，只要内容优质，即使没有粉丝也可以获得浏览量。但缺点也很明显，客户黏性和稳定性较差，自主性弱，而这些缺点正是私域流量的优势所在。所以，想要对客户进行最深度的挖掘，首先要将客户留存下来，利用微信生态多触点链接，尽量在各个环节都能触达用户，增强黏性。

私域流量有四大特点：**高收益、高复购、高裂变、高效率**。

高收益：因为私域流量是自己的，不需要支付广告费就能触达客户，而且也没有平台佣金。这样一来成本下降了，收益自然就高了。

高复购：客户购买产品后，可以定期做回访，了解客户的体验，针对性地解决客户的问题，让客户的感受更好。如果有新品和促销活动，也可以第一时间触达客户，复购率自然就提升了。

高裂变：把用户都引流到微信上，既可以拉进和用户之间的距离，也可以提供更好的服务。同时，通过话术和活动引导老客户转发介绍，从而带来更多客户，也就是裂变。

高效率：可以打造完整的私域流量闭环，设计从产品的展示，到沟通下单、售后服务的完整链条。通过社群的方式进行运营，把众多消费者拉到一起，进行统一管理维护，大大提高效率。

所以，你在掌握文案思维，以及源源不断获取灵感的方法后，就可以开启这一阶段的内容——文案变现引爆篇。本章会分享不同类型文案的具体写法，包括朋友圈文案、短视频文案、海报文案和营销软文，以及相关的注意事项。这些都是建立在微信生态圈的文案写作方法，可以给你带来无形的私域资产，打通成交全闭环。

4.1 朋友圈文案写作,建立你的终身私域资产

看到这个标题,你是不是很想说:"现在再发朋友圈,会不会过时了?大家都在玩短视频、直播了,谁还看朋友圈?"

我要告诉你,目前朋友圈是传播效率最高的阵地,一定要发!有句话叫作:"**一切流量的尽头,都是朋友圈。**"朋友圈是我们每个人的终身资产。

不管现在的短视频、直播多火,你努力吸引的粉丝也只是平台的,不是你自己的,属于公域流量。而且,没有人会 24 小时在直播间守着你。现在很多人做抖音短视频、做直播带货、做快手、做小红书,最后还是会引到微信上来成交,提高粉丝的黏性,最终转化和成交。

所以,**朋友圈才是普通人离钱最近的阵地**,而且不需要任何费用和门槛,它就是我们每个人在线上的一间店铺。如果你能把有 1 万好友的朋友圈发好,就抵得上你 100 万的粉丝。

而且,我和我的学员们都通过朋友圈实现了被动成交,所以不是朋友圈没人看了,只不过是你不懂得正确的发朋友圈的方法而已。那么,到底该怎么发朋友圈呢?

这一小节，我会具体和你分享朋友圈文案的创作方法。

4.1.1 朋友圈文案的六种思维误区

新手对于朋友圈文案写作，有以下六种常见误区。

1. 认为有文笔才能写得好

很多人觉得，只有纯粹的文字生产者才需要学习写文案，而且要有一定的文笔，才能学得会。其实**好的文案，和一个人的文笔，并没有直接的关系**。而是销售能力、思维能力和表达能力等综合能力的体现。

2. 没有意识到文案的重要性

有的人把朋友圈关闭了，或者设置三天可见，相当于设置了一堵墙把别人给隔离了。要知道，不管你是卖货，还是做知识付费，都需要通过朋友圈这个第一大展示平台去输出价值。

其实，朋友圈是一座金矿。自我开始学习文案以后，从来没有私信骚扰过任何一个客户，全是被动成交，我的学员们也是，这就是文案的魅力。

3. 忽视产品和客户的自嗨型文案

也许你经常会在朋友圈看到很多微商连续发十几条,甚至是几十条朋友圈。每条朋友圈都从不同角度夸自己的产品好。

而一个受过专业训练的文案人,一定会花足够时间去了解自己的产品,以及可能来购买产品的客户,包括客户在关注什么、有哪些共同的特征、痛点和理想状态是什么等。这样你在写的时候,客户才会觉得有共鸣。

4. 朋友圈文案没有吸引力

很多人发朋友圈完全是一通乱打,要么是狂发广告,不断刷屏骚扰顾客,早中晚各一次,甚至一小时发一次,恨不得逼着客户立马下单购买。往往客户看了之后一点购买欲都没有,甚至很恼火。**其实,人在购物的时候,都是非常感性和冲动的,你必须要用文字引起别人的兴趣。**

5. 没有素材,都是复制粘贴的广告

在写朋友圈文案时,很多人总觉得自己没什么好写的,然后去抄别人的。其实,写一条朋友圈并不需要你辞藻华丽,语句多么优美,只需要把自己的所思所想、所感所悟都记录下来,这样你的文字才会有真情实感,从而引起别人的共鸣。

6. 把朋友圈当作情绪发泄地

千万记得一条,朋友圈应该用来带给别人更多积极的正能量,而不是情绪的发泄地。所以,多记录一些正能量的故事,你永远不知道,你的文字会在什么场合影响谁。

如果你能把任意一张截图、一个画面、一个场景,轻松通过文案展示出来,你的逻辑思维能力也会更上一个台阶。

4.1.2 三个细节,放大朋友圈影响力

接下来,我会结合自己7年的创业经历,分享发朋友圈的常见注意事项。

1. 朋友圈发布时间宝典

(1)最适合发朋友圈的四个时间

早上:7:00—9:00,通勤早高峰时间。大家都在挤公交和搭地铁,这段时间是上班族很重要的消遣时间,大部分人都在刷朋友圈。

中午:11:30—13:00,吃饭和午休时间。很多人都会边吃饭边刷朋友圈,或者饭后休息的时候刷一会儿朋友圈。

下午：17：30—20：00，通勤晚高峰时间。跟早高峰一样的道理，很多产品的广告会选择在 20：00 这个时间投放。

晚上：21：30—23：00，睡前放松时间。这个时间人们大都已经吃完晚饭或者回到家，躺在床上、沙发上准备休息，很多人都会刷朋友圈。

（2）最不适合发朋友圈的两个时间段

9：30—11：30，上午上班时间。这个时间一般都是刚上班，忙着开会，或者赶昨天没做完的工作。总之，相对比较忙，很少会有大段时间看朋友圈。

13：30—15：00，午休和下午上班时间。有的公司 13：30 上班，有的公司 14：00 上班。这段时间要赶当天工作的进度，因为人们都不想加班，所以看朋友圈的时间很少。

2. 发朋友圈的排版细节

发朋友圈，排版很重要，一共有以下四个细节：

·段与段之间空一行，让人看起来舒服；
·一句话不要超过 10 个字，超过记得加个逗号；
·一段话不超过三行，符合人的阅读习惯；
·少用表情符号，会分散人的注意力。

其实，平时我们给别人发私信，这些细节也要注意到，千万不要密密麻麻地写一堆。排版很重要，这也是一种客户思维。

3. 速成四步法，人人都能轻松上手

对于新手来说，如何才能在短时间内快速上手，写出一条吸睛文案呢？我总结了一个朋友圈文案写作速成四步法，可以让你迅速找到写作灵感。

第一步，从模仿开始。也就是从你喜欢的文案里，借鉴和汲取灵感，模仿拆解它的骨架。

第二步，语音输出，然后转文字。把你想说的，先用语音说一遍，然后转化成文字，这样你写文案会更有灵感，也很接地气。

第三步，大声朗读，寻找问题。写完以后，一定要大声读一下，不顺口的地方及时修改。切记一定要读出来，这样才容易发现问题。

第四步，好的文案，都是改出来的。好的文案，都是一遍遍改出来的，而不是一步到位写出来的。

在掌握了发朋友圈相关的注意事项后，我们来到了写作方法篇。**朋友圈文案，分为生活圈和专业圈。**

4.1.3 打造有温度的生活圈，与微信好友建立联系

顾名思义，**生活圈是用来记录你的生活状态，从而让客户对**

你产生信任的朋友圈文案类型。记住,生活圈是没有广告的,只展示你的生活。

1. 一个公式,搞定你的生活圈文案写作

我的很多学员,都是通过生活圈默默观察我,然后当有需要的时候就付费报名我的课程。而在这之前,我们从来没有交流过。哪怕我的高端课程 2 万多元,也经常有陌生客户直接下单报名。我用的方法就是一个公式:

标题 + 故事 + 升华(金句)

首先,你可以思考一个问题,为什么你看电影的时候会跟着故事情节一起有哭,有笑,有各种情绪?

其实,就是因为电影把你带到了情节中。所以,一条好的朋友圈文案,是离不开故事情节的。那么,怎么写故事呢?很简单,你回想一下老师在上语文课的时候,是不是会讲到"故事六要素"?

就是**时间、地点、人物、起因、经过、结果**。当你顺着这个思路详细讲述故事的时候,画面感就会跃然纸上。然后,你再加入一个升华式的结尾,也叫作金句,就是你最想表达的观点。升华很重要,只有带上了你自己的观点,才能更好地感染别人。

最后，在整个故事里挑一句最感动你的话，作为标题。记住，一定要先写故事，最后提炼标题，这样你的思路才不会被标题牵着走。

文案举例：
你成长的脚步，一定要赶上父母老去的速度！
这个周末回家的时候，老爸跟我吐槽说：
"新买的老花眼镜不好使，怎么看字都看不清，是不是买了假货……"
我拿来一看，没问题啊，字确实放大了不少……
突然，我恍然大悟，原来不是眼镜的问题，而是老爸的老花程度又严重了……
每周回去看爸妈，发现他们一天一天在变老，背也越来越驼，路也走得越来越慢……
每当这个时候，我都在想：自己要更努力奋斗，做出一番成绩，好让父母早点享清福！

就像在这篇文案里，我先写一个故事，把六要素详细地描述出来。时间是"这周末"，地点是"家里"，人物是"老爸和我"。
具体发生了什么事呢？起因是"老爸跟我吐槽，新买的老花镜不好使"，经过是"我拿来一看，没问题啊，字确实放大了不少",结果是"我恍然大悟,原来不是眼镜的问题,而是老爸的老花程度又严重了"。你看,只需要清楚地描述出这六要素,故事的架构就出来了,而且会让人身临其境。

然后,以金句作为结尾,表达自己内心的感叹,也就是:"要更努力奋斗,做出一番成绩,好让父母早点享清福。"所谓的升华就是你想表达什么样的观点。最后,取一句最关键的话作为标题——"你成长的脚步,一定要赶上父母老去的速度",是不是超级简单?**因为场景本来就是现成的,描述的时候注意多表达细节,写出场景感就行。**

怎么写出场景感呢?你可以对比一下:

第一种:昨天,收到了徒弟寄来的苹果。

第二种:昨天下班刚到家,就听到"咚咚咚"的敲门声,开门一看,一个满头大汗的快递小哥一边气喘吁吁,一边说你们的电梯坏了,我一路走上来的,快签收吧!我连说"不好意思",然后迫不及待地拆开,看到一个个又大又红的苹果,就像一张张笑脸。此时我的心里只有一种感觉,有一群暖心的徒弟真好。

第二种细节的描述更多,所以明显更有画面感。

在日常带学员的过程中,我发现新手刚开始练习的时候,往往觉得写升华很难。其实并不需要很"高大上",你内心当时想要表达什么,直接作为升华就可以了。

比如你想表达一年有四季，就可以这么写："自然有炎夏，也有寒冬，人有低谷，也有高光！"

比如你在走路的时候，不小心摔了一跤，你可以这么写："在哪里跌倒，就要从哪里爬起来""没有谁的人生是一路平坦的，总会有一些磕磕绊绊"。

比如现在在打雷，马上要刮风下雨了。你可以这么写："谁的生活都不是一直风和日丽的，总会有一些狂风暴雨伴随着你！"

最后把这一段内容，挑一句最能触动你的话作为标题就可以了。

2. 六个维度，囊括所有生活圈文案选题

有的人总觉得自己发朋友圈没有素材，但事实上素材到处有，只是你没有发现。接下来，我会教给你关于生活圈文案选题的几个思路，囊括了所有的生活圈选题。

（1）身份定位

你在生活当中扮演的角色，都可以写故事。比如，作为子女，你和爸妈的故事；作为父母，你和孩子的故事；作为妻子，你和老公的故事；作为朋友，你和闺密的故事。

为什么要写各种故事呢？因为故事最能让客户知道你的生活是什么样的。当你的客户看到你和他的生活是相似的，你是他的同类，是不是感觉好像找到知音了？就能快速建立

信任关系。

如果你是一个宝妈,是不是可以写,"作为一个妈妈,最重要的是自己成长,然后影响到孩子,成为孩子的榜样"。这个世界上,几乎所有的妈妈都是这样。那你是不是就能快速和客户建立信任关系了?

如果你以一个妻子的身份,和老公一起打拼奋斗,回家的时候一起把这个小家经营好;或者做副业的时候,老公也会帮忙照顾家里,彼此为对方分担。这些故事都可以成为素材。

除了妈妈和妻子,你是不是还是你父母的女儿?你父母是不是曾经为了孩子省吃俭用,让孩子可以在外面拼搏,有自己的一番事业?那你就可以说,这辈子最该感谢的人是父母。是不是又可以触动到一些从寒门出来,通过自己努力奋斗而做出一番事业的人?

还有,当你走在路上看见别人背着小孩的画面,你有没有想起小时候父亲牵着你的手,或者把你扛在肩膀上的场景?这些故事是不是也很感人?

这个叫作角色网。就是看你和客户在生活中有哪些共同的角色,你再根据这些角色去呈现处于这个角色中的故事。所以别总是刷广告了,你要做的是展示自己,去吸引和你同频的人。

文案举例①:我和孩子的相处日常

孩子，永远是父母最大的软肋

这周工作特别忙，直到周末了，才有时间陪儿子。

刚刚，陪着他在小椅子上玩了半个小时，看着他冲我一顿乐呵。

我心里有种说不出的愧疚感（陪他的时间真的是太少了）

之所以现在这么拼，也是希望未来，能给他更好的生活，毕竟——

孩子，永远是父母最大的软肋！

这条文案写的是我因为主、副业太忙，经常没有时间陪伴孩子，可是之所以每天这么拼，就是因为希望给孩子创造更好的生活环境。这种和孩子相处的文案，就能引起很多妈妈的共鸣。

我曾经用这条朋友圈吸引了一位完全陌生的客户，她一来就报名我的私教班。这是因为她觉得自己也是边带娃，边做主、副业，特别能感同身受。这就是生活圈角色网的威力。

（2）兴趣爱好和生活方式

大家在朋友圈展示自己的生活方式，是为了吸引和自己同频的人。如果你看到朋友圈里有人和你有相同的兴趣爱好，是不是会对这个人格外关注？

比如，你喜欢健身，爱画画，爱学习，就可以每天更新自己的公里数，晒健身房的照片，晒自己看的书，晒你听的课程，配上一段文案。

文案举例②：读书时的思考

读书可以改善你的生活，但你的变化却不来自书本。

昨天读书的时候，有感而发，也分享给你。

你有没有想过一个问题？为什么同样一个课程，或者一本书，有的人听完或看完以后，可以马上出成绩，有的人却还是老样子。

其实，最根本的原因是，书籍、课程、讲座，都是帮助你创造理想生活的工具而已。

真正能够改变你未来生活的，永远只有你自己！

这条文案写的是我自己读书的感悟，展现了我爱阅读、爱学习的形象，也是我经常写的文案素材，因为我最大的兴趣爱好就是看书。后来我发现，在我的学员里有很多教育机构的校长和老师，或者一些高知女性，他们同样都是爱学习的人，也是被我爱学习的分享吸引来的。

人都会对自己熟悉的事物感到莫名信任，所以你一定要在朋友圈多展示自己的兴趣爱好。

（3）价值观和愿景

价值观，就是你做的事业想为别人创造怎样的价值？比如，我的文案课程有零风险退款承诺，因为我的愿景是帮助学员实实在在赚到钱，这样我才会收学员的学费。我也会把我会的毫无保留地告诉我的学员，回馈这份信任。

所以，愿景能让别人感受到你的发心，让客户愿意进一步了解并信任你。

文案举例③：我做课程的初心

"思林老师，年度社群和私教班，有什么区别？"

刚刷手机的时候，看到一个小伙伴发来私信问。

其实，年度社群以集中上课和互发链接为主，私教班以1对1辅导文案为主（报名送年度社群）。

所以，根据你的需求选择就好。对了，两门课程都是审核制的，如果我发现你不符合我的要求，或者我帮不到你，可以随时退费。

期待未来，有机会一路同行！

这条文案想表达的意思是，我的课程都是审核制的，不是给钱就会收。因为我的目的是能真正帮到学员解决实际的问题，传递我做这份事业的初心和使命。

有一句话是这么说的：**对于有使命感的人，成功只是早晚的事。**当你有了使命感，使命感就会像夜空中出现的第一颗星，照耀着、指引着你前行,即使前行的路上布满荆棘,你也会无畏向前,因为你找到了自己存在的价值和意义!所以,一定要把你的发心和愿景展示出来,从而让更多人想靠近你。

(4)个人生活故事

你是否每次看到冗长的理论就觉得好难懂,然后特别犯困?但看故事就完全不会,特别是看小说。有时你会看到半夜,甚至白天也会忍不住去点开看这个小说更新了没?一旦更新了就迫不及待点开看,而且越看越精神,看完了当天的"日更",心里还痒得不行,恨不得马上知道后面的情节是怎样的?**这,就是故事的魅力!**

很多故事能口口相传,流传千年,就是因为大家在听故事时代入自己,产生了感情。所以你单纯地讲道理,是很难说服客户的。如果运用讲故事的方式,对方就很容易接受,从而对你产生信任。

文案举例④:夫妻相处小故事

爱你的人,总会不惜一切代价,把你想要的搞到手

今天路过喜茶的时候,我发现竟然没人排队了。

以前喜茶刚到上海开店的时候,那队伍,真是人山人海,不排上大半天,你根本喝不到。

但是,我又特别喜欢喝饮料。于是,每次路过,我都会在一

旁歪着脖子看很久。

突然有一天,老公对我说:"今天晚上不用等我了,我晚一点回来,你先吃饭。"

我心里还想着,坏蛋!又和同事出去吃饭,不陪我了。

等到晚上10点多,终于把老公盼回家了,看到他手上还提了一个纸袋子。

"是什么呀?"我边说边往袋子里看。

袋子里面竟然是——我最心心念念的喜茶!

原来,老公排了一晚上的队(从6点一直排到10点),特地帮我去买的(而且他自己从来不喝饮料,只给我买)。

所以,爱你的人,总会不惜一切代价,把你想要的搞到手!

这条朋友圈讲述的是我先生为了给我买喜欢喝的饮料排了一晚上队,以故事的形式展示出来,就比直接说夫妻恩爱更生动和真实。只要你在朋友圈描绘生活中最真实的故事场景,就会吸引同样向往美好生活的伙伴们。

(5)展示你的性格和人品

朋友圈就像一张晴雨表,记录了一个人的喜怒哀乐,也像一面镜子,照出了一个人的性格脾性。所以,你可以在朋友圈多展现你自己的个性,比如懂感恩、利他、坚韧、自律、顾家等。为的就是让客户感受到你是一个活生生的人,有自己的性格和想法,而不是一台冷冰冰的转发机器。

文案举例⑤:帮助 SPA 馆姑娘的故事

听完真的挺不是滋味的:一碗 23 块钱的面,都吃不起!

前几天,趁着休息日,做了一个 SPA,想放松一下自己。

给我服务的那个姑娘,就在和另外一个同事聊天,说自己前一天经历的辛酸事。

她说前一天下班很晚了,本来准备去吃碗面,付钱的时候,却发现手机里只剩下 15 块钱。

她看了一下发现店里最便宜的面都要 23 块,最后只好走了。

想想这些姑娘真的特别辛苦,一天从早忙到晚,还都是体力活。每次发了工资,就马上给老家寄回去,自己连个吃饭的钱都没舍得留下。

(她和我说过,老家有两个孩子,丈夫不上班,一家老小全靠她一个人的工资。)

晚上回到家,我的心里很不是滋味,于是就给这个姑娘发了一个红包。

虽然没有多少钱,但是,希望能给她带去一丝温暖。至少,不用再饿肚子!

这条文案写的是我帮助一个 SPA 馆姑娘的故事,随手一个红包,希望能给那个姑娘带来一丝温暖。同时,也会让客户觉得我是一个热心肠的人。

所以,大家的朋友圈一定要从各方面展示自己,而不仅仅是发广告,要让别人看了立马能感受到你是一个有爱心、有温度的人,他们才会想靠近你。

(6)以连载的形式

朋友圈连载,是非常容易吸引人眼球的出圈方式。因为它就像电视剧一样,随着情节不断发展而伴随着悬念和冲突,吸引你不断想知道后面到底发生了什么。

我曾经在朋友圈写过好几个主题连载:包括我的个人故事,为什么我要成为一名文案导师,学习文案到底有什么用,等等。每次我都会发现,有很多陌生学员通过我的连载表示想要跟着我一起学习。

如果你想要打造个人品牌,首先必须写一篇自己的个人成长故事连载。因为在微信上,很多时候我们加了不少好友,但是没有机会一个个私聊,深度了解彼此,从而建立信任,而在朋友圈连载故事就是拉进双方距离的最好载体。

另外,还要有一篇和自己定位相关的连载,讲述的是你为什么选择这个定位,初心是什么,想帮助别人达成怎样的目标。这才能展示你的价值观和使命感,真正吸引渴望改变的目标客户。

文案破局

我的个人故事连载，会在后面内容中完整展示。这里需要注意的是，**连载文案的标题是一致的**，如下例中的"为什么我选择做文案"，然后按顺序标出数字即可。这样客户就会知道，这是一个整体。

文案举例⑥

为什么我要选择做文案（1）

亲爱的小伙伴，估计你在我的朋友圈，已经有一段时间了。

你是不是在想：

"文案是什么？学文案到底有什么用？"今天，就借这个机会，谈谈我和文案的故事吧。

准备好了吗？我们马上开始！

为什么我要选择做文案（2）

思考一下，你有多久，没有在朋友圈赚到钱了？

你是不是也有好的产品或课程，可就是没人愿意买单？

昨天，我一个徒弟在群里报喜：

"双11"的时候，她突发奇想，仅仅做了一个动作——发了一条招募文案。

就有38个人给她付钱（一天的时间，赚了2000多元）。

对了，上次群发售赚了1万多元的，也是她。

所以，如果你也有好的产品，文案就是你的赚钱利器！

为什么我要选择做文案（3）

刚说的那个徒弟，卖的是自己的分享课（她是一名天赋教练）。

接下来跟你说说，我卖产品的两个徒弟吧（都是卖护肤品的）。

前几天，他们来报喜：

一个收了 33492 元，一个收了 35000 元。

同样是卖货，估计你会说，现在社交电商越来越难做了，货囤了一堆，也没人来问。

其实，不是卖货本身难，而是你应该与时俱进了，先提升自己的能力。

不管是卖产品、卖课程，还是卖火箭，好的文案能力，都能帮你卖成爆款！

为什么我要选择做文案（4）

刚和你说的几个徒弟，都有代理的产品，或者自己的课程。

估计你会问我：

"如果我不卖东西，学文案有什么用？"（这个问题，好多好多人问过我。）

答案是：当然有用！

你看我那个徒弟，昨晚，收了两个私教学员（1999 元/位），仅仅因为做对了一件事。

到底是什么事呢？

下一条朋友圈继续说……

为什么我要选择做文案（5）

接上一条继续说，她收了两个私教学员，仅仅因为做对了一件事——

把我教的内容，直接再教给别人！

（我天，这简直是最省力的赚钱方法了。）

你知道吗？前两个月，我几个徒弟模仿我做了一场发售。

他们轻松实现日入过万元，而我的私教班学费才4888元。

所以，如果你还没有找到副业的方向，文案，就是可以开启你财富的金钥匙！

为什么我要选择做文案（6）

除了带你赚钱，我更希望看到这个：

昨天半夜，看到另外一个徒弟说，跟着我学写文案以来，最大的感受就是——

原本想表达一件事，或者想发个朋友圈，可是，抓耳挠腮，不知道该怎么说。

结果就是，硬生生把自己憋成内伤。

现在，我不仅通过每天发朋友圈，3个月轻松收了64万元，更关键的是，思维变得特别清晰，知道该如何正确地表达（2～3分钟写一条朋友圈文案）。

所以，教你写文案不仅仅是教你写几个字而已，除了帮你轻松赚钱，还能让你的思维能力得到飞速提升！

为什么我要选择做文案（7）

刚刚听了徒弟的故事，再说说我自己吧。

昨晚，我正在给一个徒弟讲文案，突然收到一条私信：

"我想报老师的弟子班。"

你知道吗？在这之前，我俩从未聊过天，为什么他一上来，就想报一个将近2万元的课程？

原因也很简单，每天刷我的朋友圈就被吸引过来了。

所以你发现没，学好文案，根本不需要花时间追在客户后面跑。

你也可以云淡风轻，说收钱就收钱！

写这个连载文案的原因是很多人问我，学文案到底有什么用？于是，我就借这个机会，从不同的角度来描述文案给我自己以及学员带来的改变。

如果你有好的产品或者课程，学习文案能够迅速提高业绩；如果你不卖东西，也可以直接将这套方法学会。然后再教给别人，因为教就是最好的学。我的学员们通过这些不同的变现方式，取得了优异的成绩。另外，文案还能够让你的思维能力更上一层楼，让你受益终身。

这个连载文案发到第6条的时候，我轻松成交了一个学员，他报名了我价值19800元的课程。这就是连载类文案的威力，让客户就像追剧一样，跟着一条条看完，最后跟你成交。

另外，我想跟你分享的是，刚开始写文案你会觉得有点难，半天憋不出几个字，但这是一个必经的过程，千万要沉下心来学习。我自己从最开始写一条朋友圈要一个多小时，到现在2~3分钟一条，就是熟能生巧的结果。

4.1.4 专业圈文案写作：让你发出去就自动收钱

专业圈文案，就是用你的产品或课程来挖掘客户的需求，引导客户自动下单购买。 要知道，如果专业圈文案写得好，完全就是一个"自动收款机器"。

专业圈文案写作，分为布局和具体写作步骤两部分。

1. 五大板块，布局你的专业圈文案

（1）第一大板块：你的产品"硬广"

问你一个问题，平时逛商场买衣服的时候，你会先做哪个动作？给你三秒钟思考，想到了没有？

对，是不是会先看价格？所以，**"硬广"就是你的课程或**

产品的内容、服务形式、服务期限和价格等。其实，人们都是很讨厌看广告的，因为人天生不喜欢被成交。那为什么还要写这部分内容呢？

"硬广"的目的是筛选和过滤人群。比如，你课程的单价是999元，如果有客户来问，沟通半天之后，对方预算只有99元，是不是就浪费了大量时间？

所以，如果你在朋友圈展示出价格，那么客户心里已经有底了，和预算不符的自然不会来找你。我一般会把"硬广"直接放在评论区，一目了然。

文案举例①：

文案高手私教班，手把手教你，学会写杀手级收钱文案，5899元/2个月（仅剩最后一个优惠名额，抢完后涨到6299元）。

百万元私董会，1对1将我花了30多万元学到的营销和赚钱方法，毫无保留教给你，只要29800元/年。

带你一夜之间赚回学费。学习1个月内，觉得没用，承诺百分之百退款，你没有任何风险（学习资料，你都可以拿走）。

一个全职宝妈学员做新零售，学习不到3个月，合计收款100万元。

一个学员从零转战线上，学习不到3个月合计收款42万多元。

多名学员学习后，通过一场发售，轻松实现日入1万~5万。

这条文案是我的课程"硬广",包含了我课程的服务时间、内容、价格、形式、零风险承诺、学员的成功案例等。我一般会直接放到评论区,这样用户一眼就能看到重要信息,比如教学时间、内容、形式,节约了大量的沟通成本。成功案例展示的是学员的成绩,告诉潜在客户我能够真正带学员获得结果。零风险承诺,可以大大减少客户的顾虑,进一步促使其行动。

(2)第二大板块:咨询截图

当你在淘宝购物,看了"硬广",感觉对产品有兴趣的时候,是不是会跑去咨询客服?

朋友圈也是一样,你发了"硬广",如果文案水平过关,肯定会有人咨询,每一个来咨询的人肯定都带着痛点,**你要做的就是把这所有的痛点构建成一张痛点网。你痛点铺得越全,触达到的客户也就越多。**

所以,任何你跟客户的聊天记录,都可以成为下一个客户成交的基础,一定要展示在朋友圈(但是,记得客户的头像要打码)。

举个例子:如果有人看到我发的私教班招生广告,那他肯定会来问我:"你这个课程,具体是教什么的?怎么收费?"

我就会问客户:"你可以先说一下自己目前的情况,为什么想学文案,主要想达到怎样的目的呢?"这时候,客户可能会说:"我在家带娃,不能去上班,但又想有一份收入。因为,奶粉钱太贵了。"看，客户嘴里说出来的，就是真正的痛点。

这里要记得，别人来问你课程，千万别马上报价，先要了解对方的需求，塑造课程的价值。 直接报价，往往会吓跑客户（回想一下，你有多少客户，是被这样聊跑的）。

无论我是否能成交这个客户，我都可以将这个对话截图发朋友圈，去吸引和这个客户一样的宝妈。告诉你一个秘密，只要你文案写得好，这个客户十有八九看到你的朋友圈以后，还会再来找你。同时有着一样问题的人，也会来找你。

文案举例②：

全职宝妈怎样才能既照顾好娃，又能赚到钱？

其实全职宝妈挺让人心疼的，为了照顾孩子，离开职场，每天24小时"无薪"地工作着，换来的却是老公和婆婆的一句：

你在家什么都没干！

她也是这样。今天下午她特别无助地找到我，想在线上创业，拥有属于自己的事业。

所以，如果你想证明自己，也欢迎来我的私教班，你将得到最好的机会：

帮你实现一手带娃、一手赚钱，过上有尊严的人生！

发这条文案是因为有一位宝妈来找我咨询。沟通完以后我发现，在家带娃的她特别渴望一份真正属于自己的事业，从而拥有更多话语权。这就是宝妈们创业的最大痛点。

最后给出一个解决方案，如果你也想像她一样证明自己，加入我的私教班，手把手带你在线上开启属于自己的小事业。

（3）第三大板块：付款截图

再来说说付款截图。为什么一定要放付款截图，就像你在淘宝购物，咨询完客服，是不是会看看销量有多少？这个其实就是从众心理，你说你东西好，却没人买，别人一般不信。就像你到商场去吃饭，两家店都说自家东西好吃，一家门口排满了人，另外一家一个人都没有，你肯定会选择排队那家。

这里注意，付款截图一定要在点击收款之前就先截好，并且数字在你的图片正中间，不要做任何美图处理，用最原始的，这样才最真实。记住一定要立马截图，因为这时候显示的日期是当天的。

文案举例③：

2022年，她决定送自己一份礼物！

2021年的尾声，她做了一个决定。

与其自己一个人苦苦摸索，不如付费进入一个高能的圈子。

她果断抓住机会，加入我的弟子班。

她说:"这是送给自己最好的开年礼物!"

也特别期待我接下来的安排(剧透一下,我的课程,一定会百倍颠覆你的预期)。

所以,未来一年,我们一起拥抱脱胎换骨、全新的自己!

这条文案配上了我学员的付款截图,以及她的原话:"这是送给自己最好的开年礼物!"记住一句话,**每一个付款客户,都可以帮你成交下一个客户**。所以,日常一定要多晒单,因为客户不会选择一个冷冷清清的店铺。

晒单的时候,可以把客户的关键原话圈出来,更真实,也更能引起共鸣,然后把付款截图放在最中间,一目了然。

(4)第四大板块:成功案例

成功案例怎么写?就是痛苦状态和理想状态的对比展示,客户原来是怎样的痛苦状态,买了产品或者报了课程以后,又达到了怎样的理想状态。

为什么要放成功案例呢?你可以思考一下,在淘宝购物的时候,最后下单前,你会做什么事?就是看评论区,对吧?如果以往客户反馈不错,那就直接下单了。

文案举例④:

天哪,又一个徒弟做到日入 10 万元!

就在昨天，徒弟做了一场发售，轻松收了近10万元（95988元）。

曾经，我跟她说，你完全可以做到日入10万元，她以为我在开玩笑（当时，收1000元都费劲）。

如今，她加入弟子班才短短4个月……

这个目标，就轻而易举地实现了！

所以，永远别给自己设限，人生没有什么不可能！

这条文案的写作思路，就是通过学员学习前后对比写出成功案例。之前收1000元钱都觉得费劲，跟我学习4个月后，实现了日入10万元。

其实，你自己有多厉害并不重要，关键是你是否有能力带领学员变得越来越优秀。真正获得结果，翻倍赚回学费，这才是客户选择我们的最重要因素。

（5）第五大板块：关键词占位

关键词占位，就是指和你定位相关的内容输出。比如我是教文案的，就会在朋友圈输出相关内容，包括学习文案的重要性、具体干货和方法等等。总之，你要让别人打开你的朋友圈就知道你是做什么的。

不建议在朋友圈输出太多的干货，这样反而不会引起别人的重视。记住一句话："干货不值钱，引起重视才值钱。"想要引起客户的重视，可以少说具体的写作步骤，多说文案给自己和学员带来的改变,这样客户才能真正感受到价值。

文案举例⑤:

为什么学会写文案的人,赚钱都这么猛?

我觉得文案,最厉害的不仅仅是文字表达,还有背后的思维能力。

它能让你在做任何事的时候(无论是写朋友圈,还是给别人发微信,做直播)

不自觉地拥有一种神奇的能力,那就是:

站在对方的角度思考问题(也就是客户思维)。

真正把这种能力内化的人,才能赢得客户的青睐!

这条文案写的是和我自己定位相关的内容,也就是为什么学员跟着我学文案以后进步都这么快。背后的原因是,文案不仅仅是文案本身,更是一种思维能力,可以让你轻松地在众多竞争对手中脱颖而出,赢得客户的青睐。

以上五个板块,就是你在淘宝购物的全流程,找到产品、看介绍、看销量、看评价、看追评。这些内容要在两天内滚一轮,就能实现自动成交的效果,因为新加上的好友一般会关注你最近两天的朋友圈。

知道了专业圈文案必备的五大板块,接下来我会教你具体的写作方法，只要四个步骤。

2. 四个步骤，写出自动收款的专业圈文案

这四个步骤分别是：

第一步，写痛点；

第二步，根据不同的素材，分为成功案例类和咨询类；

第三步，具体行动指令（行动指令越清晰，下单的概率越大）；

第四步，加标题（标题一般是客户的痛点）。

文案举例：

第一个方向（成功案例类）：

做社交电商的赶紧看过来，你也可以轻松赚钱！

做社交电商的今年都知道，招商是越来越难了，都发展不了几个代理。

她之前也是，三个月业绩挂零。跟我学了文案以后，一晚上招募了23个代理，把他们团队的老大都给惊呆了，一个个都跑来向她讨教经验。

如果你也在为招募代理头疼，赶紧来找我，用文案实现批量成交！

第二个方向（咨询类）：

做社交电商的赶紧看过来，你也可以轻松赚钱！

做社交电商的今年都知道，招商是越来越难了，都发展不了几个代理。

她是社交电商团队的队长。她说现在压力好大，团队死气沉沉的，新的代理又招募不到，眼看着囤了一堆货，愁得头发大把大把地掉。你知道吗？不是代理越来越难招募了，而是你的那套方法不行了！

如果你也在为招募代理头疼，赶紧来找我，用文案实现批量成交！

第一步还是先写中间的正文，从客户的痛点开始："做社交电商的人今年都知道，招商是越来越难了，都发展不了几个代理。"

第二步有两个方向，如果描述的是成功案例，就写具体的例子："她之前也是，三个月业绩挂零。跟我学了文案以后，一晚上招募了23个代理，把他们团队的老大都给惊呆了"。或者，也可以吸引对方来找你咨询，比如："她是社交电商团队的队长。她说现在压力好大，团队死气沉沉的，新的代理又招募不到，眼看着囤了一堆货，愁得头发大把大把地掉。你知道吗？不是代理越来越难招募了，而是你的那套方法不行了！"这是两个不同的角度。

第三步写具体的行动指令："如果你也在为招募代理头疼，

赶紧来找我，用文案实现批量成交！"行动指令一定要清晰。

最后一步是写标题，可以直接写客户的痛点："做社交电商的赶紧看过来，你也可以轻松赚钱！"这样，一条专业圈文案就写完了。

所以，你在写专业圈文案的时候，也可以采用这样的公式：

①标题+痛点+成功案例+行动指令

②标题+痛点+咨询+行动指令

你说，是不是特别简单呢？

3. 五种模板，搞定专业圈的标题写作

一篇好的文案，**标题比内容至少重要 10 倍**。因为标题能够直接决定客户是否会点进去往下读。所以接下来，分享五种标题的常用类型：

第一种是新闻标题。比如"宣告、最新、最后、终于、警惕、惊到了……"

例："宣告，这是一个可以改变你一生的机会！"你可以打开各种新闻 App，研究一下标题的写法，建立一个标题库，然后模仿并改写。

比如，你可以找到以下几个新闻标题进行参考拆解：

切莫将此"北斗"混同于彼"北斗"

金融圈大瓜！

阿里巴巴回应被处罚：诚恳接受，坚决服从

小学生"莫尔斯电码"聊天走红，家长看后一脸蒙，连老师也无法破译

孩子睡觉时有这三种举动，说明智商较高

在原有基础上，改成和自己定位相关的标题：

切莫将"普通纸巾"混同于"柔纸巾"

瘦身界的大瓜来了！

一位小姐姐的真实反馈：用你教我的文案方法，赚了3万元

她的减肥效果太惊人，朋友不敢相信自己看到的，科学家也无法解释

今年能否赚到钱，就看你是不是做好了这三个动作

第二种是提问式标题。问句比陈述句更能引起人的注意。比如"如何、为什么、怎样……"

"为什么他们做什么都能成功？"

"为什么我的学员，能在短短4个月，实现日入10万？"

第三种是喊话型。比如"××注意了！"如果你是目标人群，看到下列文案，是不是就会格外关注？

"体重150斤以上的人注意了！"

"长痔疮的人注意了！"

"那个戴眼镜的人注意了!"

第四种是免费型和数字型。 因为人们天生对免费的东西没有抵抗能力,而阿拉伯数字具有催眠属性。

"长按三秒,添加我的微信,免费领取《一个训练营,轻松实现日入 74 万元的秘籍》。"

第五种是诱饵法。 比如 ×× 的方法 / 秘诀 / 理由 / 错误 / 点子 / 技巧,人对方法、秘诀之类的词语会特别感兴趣。

"一个训练营收了 74 万元,成功的秘诀都在这里。"

以上就是专业圈的写作步骤、五大板块和标题的写法。你发现了吗?**生活圈就是一张角色网,专业圈就是一张痛点网。** 有了这两张网,你就会成为行走的"自动收款机"。

4.1.5 朋友圈技能实操:五种"炸圈"[1]方法,让你成为"自动印钞机"

我们发朋友圈是为了打造个人品牌,关键目的是提高势能,而不是赚快钱。所以,打造一个真实、有趣、有料的朋友圈,

1　网络用语,连续多次发布朋友圈动态的行为简称。

不断积累自己的势能和影响力,不管在什么时候,都能让你持续圈粉,拥有一份稳定的收入。

下面我就介绍五种"炸圈"的实操方法,可以瞬间吸引朋友圈的人关注你。

1. 第一种,意识流"炸圈"法

什么是意识流?学术界的定义是:以人物的意识活动为结构中心,围绕人物表面看来似乎是随机产生,且逻辑松散的意识中心,将人物的观察、回忆、联想的全部场景与人物的感觉、思想、情绪、愿望等交织叠合在一起加以展示,以"原样"准确地描摹人物的意识流动过程。

简单来说,就是想到什么就写什么。这里有一个秘诀,如果你没有掌握它,就少了一大半的威力。那就是每一条的结尾,都要给别人留下一个悬念。就像小时候看《黑猫警长》,一看到精彩的地方,大黑猫就开始打枪,四声枪响,蹦出来四个大字:"请看下集。"于是第二天,我们就早早地守候在电视机旁。

文案举例:

①

这么晚了,

朋友圈一条都没写,

人跑哪儿去了?

②

别提了,

一堆事情

搞到现在。

③

估计你会问?

什么事啊?有这么忙吗?

搞得自己跟大老板一样?

④

这你就不懂了,

接下来,跟你一件件说……

⑤

五点半的时候,刚准备下班,

老板来了一个电话,今晚有份报告要交!

于是,拼命抓紧赶工。

⑥

好不容易写完了!

掏出手机一看,已经七点多了。

赶紧披上外套,就往外冲,因为……

⑦

今天周五啊!

雷打不动地,要给学员们开直播。

做"头脑风暴"!

可是,眼看着时间要到了,我能赶上吗?

⑧

回到家,我赶紧把包一扔,

用了10分钟,热菜热饭,

以迅雷不及掩耳之势,看着手机的时间……

⑨

扒了两口饭,最后发现,

居然还剩5分钟,我的天,

我还可以先把碗洗了!

⑩

8点到了,准时开播。

让我特别意外的是,

学员们居然都准点进直播间了,然后按照国际惯例……

⑪

先随机抽学员提问,

然后随机抽三个人,回答问题。

他们一个个瑟瑟发抖,生怕回答不上来,最后……

⑫

我公布了自己的答案,他们一个个都感叹:

学霸的思维,真是佩服!

(其实,这一切都是积累而已)

因为,做完直播,我每天都会……

⑬

因为,我每天都会"折磨自己",

具体怎么折磨自己呢?

那就是,

写公众号!(哈哈哈)

⑭

写完公众号,我就要开始折磨你了!所以你千万要小心,我强烈建议你,

看完这条朋友圈,就立马放下手机,别再看我的朋友圈,

因为,我真的怕你会失眠!

我亲自实践过,用以上格式连续发 10~20 条,不要配图,就会吸引别人到你的朋友圈里看,因为**人性不能接受不完整的东西**。对方肯定会想知道前后发生了什么,就像追剧一样。发布的内容没有限制,但要记住不要用你的产品去刺激客户的好奇心,因为如果客户最后发现自己被套路了,就会觉得很恼火。

2. 第二种,故事连载"炸圈"法

这种方法就是之前提到的个人品牌故事连载,可以每天写一条。当你把内心的想法,你的痛点和冲突融入自己的故事,就会吸引跟你同频的人。比如,你决定要出来创业,又担心失败,这些是不是都是冲突?

还有,在故事里要表达你自己为什么要做这份事业,你的初心和价值观是什么,这样就能吸引更多同频的人。比如,我的初心就是用文案思维帮助更多人过上内外富足的生活。(在后续章节会详细介绍,如何写好一篇个人故事连载。)

3. 第三种，滚雪球"炸圈"法

滚雪球，就是当客户找你下单，或者找你咨询的时候，你就可以开始在朋友圈里同步广播，比如"第一个名额没有了，第二个名额没有了……"依次叠加，就像滚雪球一样，越滚越大，你的影响力也会越来越强。

文案举例：

①

"思林金砖IP弟子班"第1~5个名额没有了

你是一个花了几万元、十几万元，甚至几十万元，参加过各种课程（已经怀疑人生的那种），却一分钱没有赚回来的资深"韭菜"吗？

你的逆袭机会来了！

首先，点开图片，一字不漏地看完，你就能找到答案。而且，你还可以因为这个答案，成功翻盘！

你是不是想说，你就吹牛吧，并没有。因为这个课程，你学了没用，可以全额退费，你为什么不试试？

好啦，我只能帮你到这里了。

如果你也想为自己拼一把，那就直接私信转账1000元，开启你未来一年的逆袭之旅！（点开图片，拿走你的赚钱钥匙。）

②

"思林金砖IP弟子班"第6~10个名额没有了

新加上的好友,还没讲过话,为什么也来报我的弟子班?

如果你和她一样,是一个不甘心活在老公的光环之下,想活出自己的全职太太。

受不了手心朝上的生活。

如果你也想为自己拼一把,那就直接私信转账1000元订金,一起过上内外富足的人生!

③

"思林金砖IP弟子班"第11~15个名额没有了

认识没几天,她就报了我的弟子班,而且还告诉我说:

"第一眼就认定了,要跟你学习。'"

天哪,这个理由真的是让我无法拒绝。

你相信吗?人与人之间就是有这种神奇的磁场。

同频的人,即使只看一眼,也会聚到一起!

④

"思林金砖IP弟子班"第16~20个名额没有了

今晚24点前,关闭报名通道!

你是不是想问,弟子班到底教什么呢?

不仅是教你文案怎么写,而且,手把手帮你搭建线上赚钱的体系。

总之,在赚钱路上,你不用再报其他课程。

一切都交给我!

以上四条文案,就是我当初招募金砖 IP 弟子班时发布的,虽然当时的课单价上万元,但还是吸引了我朋友圈里好几个陌生客户直接给我转了订金,这就是滚雪球文案的威力。

滚雪球文案,一定要融合客户的痛点,这样才能发挥更大的威力。不管是咨询,还是付款截图,都可以像雪球一样越滚越大。还是那句话,**每一个咨询客户,都可能帮你成交下一个客户;每一张付款截图,也都可能帮你成交下一个客户。**

4. 第四种,核裂变"炸圈"法

核裂变,就是用一个素材或者一张图片,写多条朋友圈,其实就是发散性思维的练习。方法就是把这张图片放到你的记忆里,去搜索相关的故事。拿手机作为例子,想想你可以写哪些故事?比如,第一次买手机的故事,手机如何方便了我们的生活、手机的一些功能等。

我曾经用一摞书、一张图,随手写了好多条朋友圈,配一张相同的截图,每次都会收到很多点赞和评论。

文案举例：用书作为例子

①

每当周末，最期待的就是把自己关在房间里，细细品味一本好书。

读书让人不惑，赚钱让人不屈。

读书和赚钱，也许就是人生最好的修行！

②

当你的才华，撑不起你的梦想时，那就做一个自律的俗人，多读书吧！

人生和投资一样，都需要坚持长期主义。

当你一直在做正确的事时，结果就只是时间问题！

③

很多人都会问："读书有什么用？"

确实，它不会马上改变你的人生，让你一下子大富大贵。

但是，我相信，在我读完的那一刻，它已经无时无刻不在影响着我今后的人生！

④

读一本好书，就好像和一个人面对面交流！

如果遇见一本值得读十遍以上的好书,你会发现每读一遍都能悟出不同的道理。

也许这就是读书最大的意义。

那种感觉就好像与一个人深度地交谈,越久越喜欢!

⑤

读一本书,你也许会看到一些新奇的思维;

读两本书,你可能会看到自己的渺小和局限

读四本书,你会发现你对世界的谦卑和感恩油然而生。

所以,读书从来都是为了发现和找到真正的自己!

以上的例子,就是我通过不同的角度写读书给我带来的好处,用到了发散思维,再配上同一张图片。

如果客户在朋友圈刷到你用同一张截图发了多条文案,就会好奇点进去看,然后对你产生了深刻的印象。我每次用这一招的时候,点赞数都特别多,有一次竟然有将近200个赞。

另外,这里介绍一个练习发散思维的方法:用几个随机的关键词练习讲故事。

比如,我出一道题:蓝天、鲜花、相机。你试试看,能否用这三个词编一段故事。

在这里提供一个故事供你参考:初中的时候,老师带我们去山上玩。蓝天和白云都是那么祥和，我们随手摘了几朵鲜花，送给敬爱的班主任老师，老师用相机给我们拍了很多照片。现在每每想起来，都有一种莫名的伤感和深深的回忆，想念曾经的老师、那些伙伴，以及那个终将逝去的童年。

是不是很简单？跟着这个方法不断练习，你也能轻松用一个素材随手写出几十条朋友圈。

5. 第五种，成功案例"炸圈"法

顾名思义，这种方法就是把所有的成功案例集中到一天发到朋友圈，吸引别人的注意力。我曾经用这个方法，一周成交了6个4888元的私教客户。

选择成功案例的时候，得从客户群体角度出发。如果你想吸引社交电商群体，就像我一样，发社交电商学员的成功案例。如果想吸引知识付费群体，也一样发相关的案例。写案例之前先找客户痛点，然后结合学员学习前后对比，再加上数量的叠加，就能发挥神奇的威力。

文案举例：

①

做社交电商，真的没有出路了吗？

做社交电商，你是不是也觉得赚钱越来越难了，天天朋友圈

发到手抽筋，可是结果呢？

压根没人理你！

刚刚，这个徒弟跑来群里报喜，朋友圈刚发出去，立马卖了5盒产品，收了1190元。

你发现了吗？不是做社交电商难，而是你没有掌握——

轻松高效的赚钱方法！

②

学了写文案，赚钱真的超级神速！

昨天，这个徒弟跑来群里报喜，她学文案才1个多月的时间，就连着收了2个私教客户。（一个1099元，一个1699元。）

所以，如果你还在迷茫，报了很多课，却还是没有找到自己的定位。

来学习文案这套自动成交方法，你就会发现赚钱变成了一件轻松又很神速的事！

③

从零开始做线上，到被人追着拜师学艺，仅仅用了不到1个月的时间！

昨天是教师节，这个徒弟跑来群里报喜，说有人给她转了3900元，想拜她为师，学习写不一样的朋友圈文案。

但是，你知道吗？

她8月份才开始做线上，在我这里学了还不到1个月，不但轻松赚了2万多元，而且完全不需要主动私聊客户，就有人追着想找她学习。

所以，一定要学会这套神奇的文案营销方法，它就是你爆单的超级子弹！

④

日入3万元，你也可以轻松做到！

这段时间没有露面，估计你也挺想我的吧（哈哈哈，我又自恋啦！）

既没有做直播，也没有公开招募，你知道我在做什么吗？

刚刚看了几条朋友圈，徒弟们都在几千元几千元地赚钱。接下来，给你看个更牛的：

学习文案1个月，模仿我做了一场招募，轻松实现日入3万元（这估计是你几个月的工资了吧。）

她一夜之间就做到了。而且，接触文案才1个月的时间。

所以，为什么我这段时间没出现，就是因为要一心一意，带徒弟们赚钱！

或许你会问，徒弟们轻松收钱的秘诀到底是什么呢？

其实很简单，就一句话：

找最厉害的老师，付费找她教你！

⑤

发了10天朋友圈，把同行给成交了。

中国有句古话："同行是冤家。"平时看到了，也是躲得越远越好；工作上，生怕别人超过了自己。

可是，昨天一个徒弟在群里报喜，说她发了10天朋友圈，成交了一个同行，收了3900元。

所以，你发现了吗？好的文案，竟然可以让你的同行都跟你成交，主动给你掏钱！

以上五条文案，就是我举了不同学员的成功案例。当你的案例放得越多，影响力就会越强，能吸引到的客户也会越来越多。

以上五种方法，你可以任选一种，都能增强你的势能，让你的朋友圈瞬间刮起一阵旋风！

4.2 短视频文案这么写,普通人也能做出百万粉丝大号

随着 5G 时代的到来,短视频在我们日常生活中频繁出现。截至 2021 年底,全国短视频用户达 9.34 亿人。也有很多普通人为此找到展现自我的平台,轻松打开了流量和收入的阀门。只要你的内容足够打动观众,就能在互联网上得到飞速传播。所以,近两年来,短视频已经成为各大企业和个人争夺流量的高地。

想要打造个人品牌,我们每个普通人都可以通过输出短视频的方式,提升自己的影响力。你只需一部手机,一根自拍杆就可以随时开启。那么,短视频的价值主要体现在哪些方面呢?

4.2.1 四层价值,重视你的短视频

第一,记录美好生活。正如抖音的口号是"记录美好生活",

快手是"拥抱每一种生活"。由此不难看出,短视频可以用来记录生活,展现每个人独特的价值。每个人都有一份记录和倾诉生活点滴的诉求,所以拍摄短视频正是满足了大部分人的愿望,将生活的点滴记录下来,并且展现给观众。

第二,获取知识。现在,大家都忙于工作应酬,很难挤出整块时间学习,所以很多人都利用碎片化时间来学习知识。某数据报告显示,每年有超过 3600 万人次观看清华大学的网络视频直播。

第三,为产品引流。对任何企业和个人而言,无论是互联网企业还是传统生意,流量都是关键。对于普通人来说,没有雄厚的资金成本投广告,最好的方式就是通过发布短视频到各个平台上,达到引流的效果。

第四,品牌传播。短视频可以帮助企业及个人进行品牌传播,清晰有效地表达品牌的愿景,展示自身的正面形象;并通过留言、私信等回复,与粉丝进行即时互动,缩短了彼此之间的距离,从而加快建立信任的过程。

到底如何才能在众多视频中脱颖而出呢?下面揭秘短视频常见的种类。

4.2.2 四种常见的短视频类型，从中找到适合你的

常见的短视频类型，有以下四种：

1. 垂直类视频

垂直类视频，就是把你从事的行业最精准的知识点展示出来。 比如，你是一个数学老师，可以把数学题的讲解过程做成短视频发布出来。做文案的，可以发布文案写作的具体方法和干货等。

2. 泛垂直类视频

泛垂直类视频内容，就是根据你的客户群体来分析，除了需要你专业领域的知识，客户还喜欢看什么相关内容。 比如，如果你的客户群体是宝妈，那么不要把所有的内容都做成如何带孩子，还可以去录制一些符合宝妈需求和情感的内容。

比如，女性如何才能活出自我，女人一定要拥有自己的事业等。这里有一个需要注意的地方，就是不要做一个只能提供专业知识的机器人，短视频平台的输出也要像你的朋友圈一样，既有专业干货，也有温度。

3. 个人故事类视频

顾名思义，个人故事类视频以自己的故事为主。 比如网上很火的一个主题——"一个普通女人的 10 年"，或者类似照片墙

的形式，都是把你的个人故事以短视频的形式呈现出来。大家做个人品牌的过程中，也要制作一两条讲个人故事的短视频，并将其置顶，让别人从中了解你。

4. 引流视频

引流视频，就是告诉客户你有什么福利可以赠送。让客户通过短视频里留下的联系方式，添加你的微信号领取，或者在评论区里领取。通过这个方式，你可以加到潜在客户的微信，这是做私域流量非常重要的一个步骤。

4.2.3 五个步骤，制作你的爆款短视频

掌握了短视频文案常见的类型，接下来到了实操环节，我将分享短视频文案写作的五个步骤。只要按照这几步走，你也能轻松制作出爆款短视频！

第一步，找到对标账号

对于做短视频这件事，前期最重要的就是模仿，一定不要上来就直接原创。因为你不掌握一些基本的方法和每个平台的算法，是很难获得数据增长的。所以，**新人做短视频第一步就是，**

找到对标账号，去参考你的行业里的爆款视频。

第二步，建立选题库

你可以再建一个专门的文件夹，然后把你在第一步找到的对标账号里的短视频文案，记录保存在这个文件夹里。另外，在百度网盘里，放置文案对应的源视频，做好编号一一对应。这样方便后续对比和模仿其中的结构和用词。

第三步，列出脚本草稿

打开选题库，找到你想对标和参考的视频和文案，在这个基础上进行改编。修改的过程是先列出草稿，比如开头、中间、结尾每个部分分别讲什么，先把框架给搭好。开头部分要吸引客户的眼球，注意塑造视频的价值，中间讲具体的干货和案例，结尾总结升华。

第四步，口语化完稿

列好框架以后，接下来就是快速把你的文案填充起来。这时候，建议你用语音写作的方式（可以下载讯飞语记 App，非常方便），不仅提升了速度和效率，而且这样说出来的内容更加口语化，接地气。

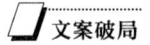

第五步,精简修改

写完草稿以后先不要急着去播,也不要直接去修改,可以放上一天半天。因为你自己写的东西,哪怕有明显的错误,可能一开始也检查不出来。但是,过了一天以后,你再来修改就能看出很多问题,修改的同时要把虚词、废话等一些没用的词和句子删除。

最后,把文案朗读一遍,过程中如果发现有什么问题,再修改一遍,保证流畅和通顺。这样一条基本的视频文案就完成了。还不够,要想让视频达到火爆效果,还需要在一些细节上下功夫,提升视频的吸引力。

4.2.4 五种爆款短视频开头,带你一秒抓住客户注意力

你知道人的注意力能持续多久吗?正解是只有短短 8 秒。这是美国微软的加拿大研究组,在对 2000 人以上受试者进行了脑波测定后发表的科学数据。所以,对一条短视频而言,你能否在开头就抓住客户的注意力显得尤为关键。接下来,我将介绍五种爆款短视频文案开头,只要你掌握下面这些秘诀,也能轻松写出爆款开头。

1. 塑造价值型开头

塑造价值型开头，就是视频一开始就要告诉对方，你这条视频到底有多重要，有多少干货，看了能有多少好处。如果你在开头就把这条视频的价值塑造好了，会让人万分期待，特别想要看下去。

比如，有一条视频的开头是："今天这条视频，会彻底颠覆你的思维，改变你对赚钱的认知！"你听完是不是也特别想知道后面的内容，到底会如何颠覆思维呢。

2. 场景式开头

场景式开头，就是描述一个生活中的场景，因为每个人每天都会遇到很多事，多少都会有重叠的地方。这种场景描述的开头方式，就会让别人觉得这条文案和自己有关。比如下面这两种开头：

"大多数人整日只为养家糊口而忙忙碌碌，却因此失去了发财致富的机会……"

"二十年来，我一直觉得自己是个被抛弃的人，这个世界不需要我。我没有社交能力，没有自信，每件事都做不成……"

这样描述以后，很多人看了就会代入这种场景，因为没有人会错过跟自己有关的东西，人对自己熟悉的东西会格外感兴趣。

3. 好奇心开头

好奇心开头就是，先设置悬念，抓住客户的注意力，激发客户的观看欲望。比如：

"我要揭开一个残酷的真相，但是内容过于劲爆，我担心这条视频会被禁，所以你早看早好！"

"你知道吗？你的视频号只要换一个词，关注率就可以提升 90%。我下面说的，你一定要看完哟！"

4. 震撼结果开头

震撼结果开头，说白了，就是通过一系列数字展示美好的结果，引起客户的注意。比如：

"一场发售收了 74 万元，背后的秘密都在这里！"

5. 反常识开头

反常识开头，就是说一些和寻常想法不一样的内容。比如：

"想要学赚钱，你就得先学会赔钱！"

"你知道吗？越想赚钱的人，越赚不到钱！"

别人就会想追根究底，看看到底会说出什么不一样的道理呢？

4.2.5　一个万能公式，让你的短视频轻松上热搜

说完了开头，我们来说一下具体内容怎么写，其实只需一个公式：**挖痛点＋给承诺＋解决方案**。你只要轻松套用到你的内容里，你的视频就能火爆全网。接下来我们来拆解一条网上很火的育儿短视频，看看公式应该怎么套用。

第一步，挖痛点

"家有萌娃的你，是不是也总在为了孩子不吃饭感到担忧？每天追在他屁股后面跑，他却总是爱搭不理。"孩子不吃饭，是很多宝妈的痛点。

第二步，给承诺

"看完这条视频，你家孩子吃饭的问题，就再也不用担心了，教你一招轻松搞定，赶紧点赞收藏，怕你找不到我！"

目的就是给目标客户吃一颗定心丸，用结果承诺吸引客户继续看下去，提高视频完播率。

请注意！开头挖痛点＋给承诺各一句话，最好不要超过3秒钟。否则就会影响视频的完播率。如果你的开头，不能在3秒钟以内搞定客户，那你的视频播放量基本上不会超过500。

第三步，解决方案

那么，怎么才能让孩子好好吃饭呢？记住这四点，第一点

是不干预,无论孩子把饭弄得到处都是,还是把饭当玩具,都不要去干预,家长表现得越轻松,孩子学习得越快。接下来,就是第二、第三、第四个理由,依次说完。

结尾再加一句:"最后就是要坚持,一般坚持两个月,孩子的吃饭问题你就不用再担心了。"其实这也是给承诺。

用痛点吸引来客户,用承诺把客户留下,再给一个解决方案让客户信任,客户才会点赞和收藏,你的视频才能被更多人看到。

最后,分享一个拍短视频的创意,如果你仔细观察过 Papi 酱走红的视频,就会发现都是按照这样的套路制作的。

模拟一个大家都熟悉的场景,但做一件和它不相关的事情。比如用推销化妆品的台词,来推销模拟考试卷子。简而言之就是,把熟悉的内容填入到完全不同的框架,这也是一种创意。所以,除了好的脚本,**其表演能力和创新能力,也是做出爆款短视频必备的能力。**

不管是写朋友圈文案还是做短视频,好的文案都能让客户更加清楚地知道你是谁、能带来什么价值,从而提升你的个人品牌影响力。

4.3　海报文案这么写，让你的产品被人抢着下单

海报作为一种视觉传达艺术，以其图文并茂的特点，增强了广告渲染力，可以帮助你生动准确地传达信息。

当你有了自己要销售推广的产品，如果你的海报能一下子吸引客户的注意力，转化率就会有显著提升。那么，海报文案该怎么写呢？

4.3.1　三个问题，开启文案海报第一步

在写海报文案之前，你需要回答三个问题。

·**你的海报要写给谁看？** 也就是你的客户是哪类人群？是学生、白领、宝妈，还是老年人？

·**你的目的是什么？** 就是他们看到你的海报以后，需要做出哪些行为，是下单购买，添加你的微信号，还是知道你的品牌？

文案破局

・**产品卖点是什么?** 这是为下文写海报文案做准备。你可以将你的卖点一一罗列出来,选出客户最为关心的卖点。如果你的卖点很多,不知道如何挑选的话,也可以邀请你的客户投票。

所以,海报文案的根源也是客户,你要思考客户关心的是什么?你的产品能不能解决客户的问题,而不是单方面、自嗨式地夸赞你的产品有多好。

4.3.2 海报文案六要素,发出去就开始收钱

一张高转化率的海报,应该具备以下六个要素:

第一是标题。分为主标题和副标题,也就是你的产品或者课程名字,以及一个具体的购买理由。海报上的主标题要有吸睛关键词,能让人秒懂你的产品是什么,还要在海报上占据比较大的位置,看上去一目了然。

副标题可以用数字形式表现出客户具体能获得哪些好处。比如:"加入文案年度社群,从0到1学会写收钱文案""30分钟,学会新零售玩法!"

主副标题相结合的有:"文案高手1对1私教班——60天出师,发朋友圈就能躺着赚钱。"

第二是人物或者产品的照片。如果是课程，必须有讲师照片，而且放在海报上尽可能明显的位置。

第三是权威背书。也就是你的产品获得了哪些行业认证，有哪些权威机构背书。比如，我自己是"文案写作高手嫡传弟子、Angie 老师价值变现私董、曾组建过千人团队"等，这些背书都能一定程度证明我的实力。

第四是产品构成和产品价值。要在海报中具体介绍你的产品内容包括哪几部分，能给客户提供怎样的价值。

比如我的"文案高手 1 对 1 私教班"的课程内容，共分为以下六个部分：

自动成交文案写作技巧；

个人品牌布局系统；

私域流量爆破增长系统；

1 对 1 私聊成交系统；

批量成交社群发售系统；

服务期内 1 对 1 修改文案。

课程特色是：

1 对 1 深度梳理和咨询；

商业模式和产品矩阵设计；

系统化课程反复收听；

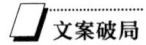

服务期内不限次数答疑；

陪伴式成长，打通所有卡点。

这样罗列出来，客户就能清楚明白地知道自己报名以后能获得哪些权益和好处。

第五是促销和营销信息。包括价格锚点（比如限时特价199元）和福利赠送，目的是用紧迫性和稀缺性调动客户的损失厌恶心理，比起得到什么，人更害怕失去什么。比如，"限时特惠299元，满10人涨价100元"。

第六是二维码。就是行动指令，引导客户立即扫码。

当你的海报包含了上述六个要素，潜在客户阅读起来就很顺畅，跟随你的思路从认识到下单，全程像滑滑梯一样，就能立马盈利。

4.4 点金营销软文撰写,让你步步为营

软文,其实是区别于"**硬性广告**"的文字广告,其精妙之处就在于一个"软"字,让读者感觉不到你是在做强制性的广告宣传,以文字形式进行"**软推广**"。在提高阅读体验的同时,让客户感悟到你植入的信息。这类文案通常在以下渠道进行发布:

1. 微信公众号

微信公众号也属于自媒体的一种,这里单独列出来是因为在公众号页面,可以留下你的个人微信,引导客户添加。所以,公众号是引流转化的核心阵地。

当你把软文发布在微信公众号,就能给关注的自己客户带来信任感,给自己的个人品牌背书。另外微信公众号的"看一看"功能,粉丝的转发、分享、点赞,还能直接为你带来展示和关注的机会。

2. 其他自媒体平台

除了微信公众号,目前自媒体平台很多,常见的有微博、今日头条、知乎、百度百家、搜狐、企鹅、网易、小红书等;音频类有蜻蜓FM、喜马拉雅FM;短视频类有抖音、快手、微

信视频号；长视频类有 B 站、好看视频、西瓜视频、搜狐视频、爱奇艺、腾讯、优酷；等等。

这些自媒体平台本身有自然流量，平台的推荐机制会把你的软文投放到有相应需求的用户那里，让你立马圈粉无数。因为这些用户都是平台精心维护的，所以对于平台来说，肯定不乐意你把用户引到其他地方，会设置引流限制。

3. 网络媒体

网络媒体包含人民日报—人民网、新华社—新华网、中央广播电视总台—央广网、央视网、中国日报网、中国新闻网等，或者自己开通个人网站，在论坛或者行业网站上发帖做宣传。

在这些网络媒体发布软文，因为权威的新闻属性，所以更有利于与客户建立信任。很多客户在下单前会先去网上搜索一下，如果能搜到相关信息，就能迅速打消顾虑。

以上就是软文的发布途径。那么到底该怎么撰写，才能让软文最大程度发挥它的效果呢？接下来我将和你分享软文写作的方法和技巧。

4.4.1 软文创作五部曲,帮你 24 小时盈利

想写好一篇爆款吸金软文,一共有以下五个步骤:

1. 挖掘产品好处

写文案有一个常见的误区是,错把产品功能当成好处。要知道,你的产品有再多的功能,其实对客户来说是没有感觉的,客户真正关注的是"产品的利益和好处"。

如果你想要描述一个产品,必须先挖掘卖点,然后直接告诉客户,买了这个产品有什么好处。比如,你可以对比以下两种说法:

我的文案课很实用。

一旦你掌握这个文案写作方法,10 分钟就能写一个盈利文案,并且你自己看了都想掏钱。

总之一句话,你产品有多厉害,用户不关心,用户关心的就是你的产品能帮到他什么。

2. 用标题吸引客户注意力

好的标题,是文案成功的一半。**怎样才算好的标题呢?有以下两大特征:一是可以在短时间内吸引客户点击,二是促使客户继续阅读。**

举个很经典的例子,曾经有两个标题,其实内容很接近,

但是广告投放出去,其中一个点击量翻了几百倍。这两个标题就是:

你用英语时会犯这些错误吗?

你害怕在英语中犯错吗?

虽然只是改动了一点点,但前一种标题点击量暴增,就是因为多了"这些"两字,就会引起人们巨大的好奇心。所以,你感受到标题的威力了吗?

其实,标题、内容和结尾的关系,就如同恋爱阶段。你要先放低身段,投其所好,然后从朋友开始,不断追求,最后逐步确定关系。放在文案里,就是**标题吸引注意,内容产生情感,结尾促进行动。**

标题的功能是吸引注意,筛选客户,传达信息,吸引阅读,但也要拒绝做"标题党",避免客户点击进入后,觉得自己被骗了。

3. 开头激发客户欲望

客户下单的前提是把文案读完,所以开头非常重要;开头没写好,客户直接弃文了。那么,应该怎么写开头呢?这里分享三个写法:

第一,用故事开头。没有人喜欢听大道理,每个人都喜欢听故事。所以,软文中最好以经历和故事开头,让人觉得有趣,想进一步读下去。写故事的秘诀就在于,你的故事要贴近客户的感受和经历。时间、地点、人物、事件,细节越丰满越好。比如:"我有一个同事"VS"两年前,我在上海工作的时候,认识一个同事叫老李,我们一起共事一年多"。两者对比,很显然第二种更加真实。

第二,用痛点开头。就是通过描写客户的痛点,反向刺激客户。比如:"那几天,你是不是小腹疼痛,甚至睡着了都会被疼醒?"

第三,用理想状态开头。和第二种方法相对应,引发客户的憧憬。比如:"你想不想,一边在夏威夷沙滩上度假,喝着鸡尾酒,一边听到'支付宝到账 10000 元'。"

4. 正文获取客户信任

当你已经在开头激发起客户的阅读兴趣后,就需要在正文内容里进一步获取信任。**因为成交有三大要素:钱、需求和信任。**只有建立了足够的信任,当你后续抛出行动指令的时候,客户才会有购买欲望。

怎么建立信任呢?这里分享四个方法:

第一,讲述细节。有时候这是最能打动顾客、最直击人心的方法。讲述事实的过程中,你不仅要说产品卖点,还得和客户解释,你的价格高或者低的原因。而且,细节要描述得越具体越好,比如实物产品的原材料和工艺是什么,在生产过程中经过哪些细节,或者课程的具体授课和交付方式是什么。这样客户就会更加了解你的产品,从而产生信任。

比如:"我的文案高手1对1私教班,全程1对1指导,为你手把手修改每条文案,随时答疑解惑,扫清赚钱路上的一切卡点,把我花了30多万元学到的方法,通通教给你,目前特惠价仅5899元/2个月。"

第二,借力权威。比如专家、明星、权威标识、认证等。学会借力,找更有说服力的人来帮你证明你的产品有多好。比如以下两个句子:

这本书很好。

全球知名思想家正在读的一本书。

后一种加上权威,会给人留下更深刻的印象,让人觉得这本书与众不同。

第三,顾客证言。要知道,自己说产品有多好,都不如客户的一句话。客户证言有三个特点:都是大白话,通俗易懂;比较中立,不会过于夸赞产品的优点,更有信服力;不同的客户,会用不同的语气,给人真实感。

第四,案例证明。案例包括相关照片、具体数据、细节、视频、音频、微信群截图、朋友圈截图等。例如减肥,如果有前后身材对比图,会更有说服力。

5. 引导用户立即下单

当你和客户之间建立了足够的信任,就来到了最后一步,引导客户下单。因为前面所有的铺垫，都是以客户最终下单为目标，从而完成整个销售环节。

这个时候，客户往往会衡量购买产品带来的好处和即将失去金钱的痛苦，开始犹豫是否真的需要完成这次购买。**这里就教你五个妙招，帮助你轻松引导客户立刻下单：**

第一，价格锚点法。价格都是比较出来的。比如，"现在市面上口碑不错的空气炸锅，最起码都要五六百元，贵的甚至要上千元，但是这款的价格非常亲民，只要398元"。

第二，价值塑造法。让客户觉得花100元，能得到200元，甚至1000元的价值。比如卖课程时就可以这么说："'极速年度吸金共创圈'，一天只要4元钱，就可以收听我花了30多万元，学到的各种赚钱干货！"

第三，场景使用法。就是详细描述运用这个产品的时候，所带来的场景感和喜悦感。为的是唤起客户的记忆，引起客户共鸣，引爆客户的情绪。比如："每天早上起床后，利用几分钟的时间，给自己来一杯鲜榨果蔬汁，配上可口的早餐，开始元气满满的美好一天。"

第四，限时限量法。其实，就是打造产品或者优惠的稀缺性，利用饥饿营销心理，促使客户完成购买。

日本东京有个西装店的促销政策，曾经轰动一时。这家西装店首先定出打折销售的时间，第一天打九折，第二天打八折，第三天打七折；接下来每两天递减，最后两天打一折。最便宜的是最后两天，但实际情况是，第一天前来的客人并不多。从第三天开始人大量增多，到第五天打六折时，客人就像洪水般涌来开始抢购，等不到打一折，商品就全部被买完了。原因就是客户担心到最后一天，自己就买不到了。

第五，从众心理。也就是大家都这么做，我也就跟着这么做。比如：已有××人购买或使用。

综上所述，以上五个步骤是层层递进的。你拿到产品后，先挖掘卖点和好处，然后用标题吸引客户的注意力，开头部分引发客户的好奇，吸引其继续阅读，中间内容不断建立信任，最后结尾部分给出明确的行动指令。这样就能让客户看了你的文案后不知不觉被你成交。

4.4.2 四个关键注意点，带你玩转软文写作

我在上一节介绍了软文创作的五部曲，在具体写作软文的过程中，还有一些关键的点需要注意。

1. 紧抓热点

什么是紧抓热点，借势营销？比如"刘畊宏的毽子操视频火爆全网""某某明星离婚事件"等，第二天一早，各种借势营销就新鲜出炉。如果你不知道该写什么，那么就围绕这样的主题来写，并结合自己的实际情况。因为本来就是大众非常感兴趣的话题，一定会引起关注。

2. 文字有趣

很多白领上了一天班已经非常累了，如果你再发一篇文章满是诗歌伦理、晦涩难懂的东西，那么看的人一定会很少。但诙谐幽默的文字，就会让人有兴趣持续阅读。

3. 分享实用技巧

如果你实在找不到热点，也没那么有趣，那至少要做到实用。比如，房产企业讲选楼盘技巧、装修技巧，化妆品公司推送护肤常识，培训机构送免费资源，没人会拒绝这些能帮助到自己的内容。

4. 真情实感

区别于"硬广"，软文的刺激手法一定要润物细无声，更多时候是娓娓道来一个故事。比如，一个客户选择你以后开始改变的故事,然后再加上一些客户的体验和感受,用客户的文字或者对话截图来增加说服力。

  以上,就是软文的写作方法和相关注意事项。当你创作完一篇软文后,记得也要同步到各大平台,让你的作品同时在不同的平台曝光,达到最大的引流效果。

4.5 个人故事撰写：轻松写好个人故事，10倍扩大品牌影响力

通过第二章的内容，你应该已经意识到了个人品牌的重要性，一篇好的个人故事能够迅速让客户了解你，对打造你的个人品牌尤为重要。那么，具体如何写好个人品牌故事呢？

很多时候，大家习惯于侃侃而谈，大谈道理，但又从心里抵触这种行为，讨厌那种王婆卖瓜、自卖自夸式的广告。相反，很多人都有一个共同的爱好，那就是听故事。所以，真正的文案高手，都是特别会讲故事的人，故事力就等于销售力。

用讲故事的方式来写文案，有以下三个优势：

讲故事，能增加你的产品价值；

讲故事，本身具有很好的说服力；

讲故事，能快速建立和客户之间的信任。

高明的文案，擅于把产品的卖点藏在故事中，不直接说出来，不知不觉中勾起客户的欲望和信任。那么到底该如何讲，才会让别人追着你听故事，迅速拉进你和客户之间的距离呢？

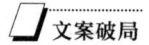

4.5.1 三种"冲突",打造你的故事吸引力

什么是冲突?就是你想去做一件事情,但外界会有很多因素阻挠你去实现这个目标。**冲突也是故事的核心,一个好的故事必须有冲突,冲突越大,就越吸引人。**

就像《白蛇传》里,为什么要有法海的出现?如果没有法海,许仙和白娘子每天开开心心地过日子,男耕女织,观众还会觉得有意思吗?正是由于法海的阻挠,这个故事才变得有意思了,这就是冲突的重要性。

冲突主要分为以下三种:

1. 主角内心想要实现的目标和现实的冲突

拿我自己作为例子。我进入职场后本想快速做出一番成绩,可是在大型企业里,一群人有着雄厚的背景,仅仅靠手中的证书远远不够,遇到了重重阻碍。所以,我的目标与现实之间,存在一个比较大的冲突,这一点就能吸引人们的兴趣。

2. 主角内心想法和社会主流思想的冲突

比如,你的父母是不是从小就告诉你,努力一定会有结果,这就是主流的思想。但你有没有想过,为什么很多人一直很努力,依然没有实现自己的理想。

或者,你毕业后,考上了公务员,但又想自己创业。如果告诉你的父母，他们一定会让你选公务员，对吧？因为，公务员的工作稳定，创业风险很大。但是，你心里又特别想尝试创业。这就是你的思想和主流思想的冲突，会让故事更有可看性。

3. 主角内心选择之间的冲突

想象一下，如果有两个男人同时喜欢你：一个长得帅又有钱，学历又高，你对他很有好感；另一个长得丑，又穷又没文化，你对他一点好感也没有。这个时候，大家都知道，你肯定会选择前者，这样的故事，就没有可看性了。因为你的选择没有任何冲突，大家都能猜到。

如果两个男人同时喜欢你，现在要你选择一个人跟他结婚。一个男的长得帅，家里有钱，但没学历；另一个长得也帅，但是家里没钱，可是学历高，有涵养。这个时候，你的内心就会纠结，到底选哪一个？冲突就来了！

如果你想讲好一个故事，冲突是必不可少的。

4.5.2 五个步骤，写出极具吸引力的个人品牌故事

1. 找到故事的时间轴，围绕主线塑造价值

为什么是时间轴呢？就好像邻居家有个男孩，你看着他从

小长到大,见证了他的很多重要时刻。当这个男孩真正成长为大人时,你再见他,就会有一种特别的亲近和信任,甚至有想要偏爱他的感觉。

写个人品牌故事,目的就是通过这个故事来塑造出一个立体的、丰满的个人形象,从而达到拉进和客户之间距离,迅速建立信任的目的。我看过很多编剧写的自传,他们写剧本的第一步,就是找到故事的主线。然后,挖掘八到十个小故事,列出具体的成就事件,主线就能自始至终贯穿起来。

2. 梳理客户痛点,以及你能帮他解决什么问题

在写个人品牌故事的过程中,一定要把自己和客户的痛点都写下来,这样才能真正击中客户的心。你还记得吗?痛点就是客户最关心的问题。一个客户有这样的需求,那么就有一群客户有同样的需求。

除了痛点,好的个人故事还要写清楚你为什么做这件事情,其核心价值是什么?通过塑造价值观来体现你的愿景和使命,吸引更多人。

3. 找到情绪点,打动自己的故事才能打动别人

所谓的情绪点,就是指人对周围事物和现象的一种内心感受,比如高兴或厌恶、愤恨或喜欢等。情绪点可以让故事更有可看性。

如何找到情绪点呢？你可以去梳理人生中的最高峰和最低谷，最低谷就是让人挫败的点，最高峰就是让人特别有成就的点。然后用故事的形式来展现，注意多描写细节，这样反差的冲击就会比较大。

千万不要觉得自己没有高光时刻，并不是赚很多钱才是高光时刻。比如，成为一个好妈妈，做饭超好吃，拥有一个温馨的家庭，写一手好字，这些都是高光时刻。

为什么你的故事里要写平凡甚至低谷的时候呢？因为，如果你一直金光闪闪、遥不可及的，那别人敢靠近你吗？在个人品牌故事中，写你的低谷期、平凡期，就是在告诉别人："我也是个普通人，我都可以逆袭，你也可以！"

4. 找出几个关键事件，提炼出小标题

在梳理故事的过程中，你可以从这些写作素材里提炼几个小标题，这样脉络更清晰。再从小故事里选出一些比较平淡的故事合并在一起，确保故事更有转折和冲突，吸引人继续读下去。

5. 找素材填充到每个小故事里，反复修改

当你把小标题都梳理出来，人物个人品牌故事的主线就已经非常清晰了。这时，即使不看内容只看小标题，也可以知道这篇文章写得怎样，有没有好的看点。

接下来，你要从素材当中找到合适的内容填充到各个小标题里，再一段一段地修改，文章中要多一些冲突、转折的手法。每一段的结尾要下一个钩子，埋下一个伏笔，这样人们就会接着往下一段看。

个人故事类的文章起伏，其实是要站在主人公的一生中去看的，每一个人的人生肯定都是跌宕起伏的。所以，**你选择的这些事情不在大小，而在于细节，在于真实，在于把这种感受、情绪传递出去。**

接下来，我会分享两个不同的个人故事脚本，让你对个人品牌故事的写法更加清晰。

4.5.3 两个不同版本的故事脚本

第一个脚本：起点低，过程苦，结局好

网上很火的 10 年故事体大都是这样的结构。比如主人公出生在一个农村家庭，小时候家里条件差，学历也不高。后来走上社会，遇到了很多困难和挫折，职场上被人排挤，仍然没有放弃。通过自己的不断努力，重新找到了未来的方向，实现了人生逆袭。

虽然这类故事可能听上去有些"鸡汤"，但确实很受大众欢迎，因为每个人都需要对生活抱有希望，需要你告诉他现在的苦是暂时的，每个人都有机会实现逆袭。

第二个脚本：勉为其难的英雄

这就是好莱坞电影的经典套路：故事的开始，主人公安居乐业，突然灾难发生了。村庄里出现一个杀人狂魔，这时有人来向他求救，而他很享受自己平静的生活，不愿意复出。但因为巨大的灾难发生了，他不得已决定去拯救世界，遇到了各种障碍，不断地想办法克服，最后历尽千辛万苦把恶魔消灭了。

这类故事对大众的吸引力很大，可以融入你的故事里。比如，你原来生活得挺好，但是后来发生一件事，必须去追求一个新的梦想。你一开始瞎折腾摸索，后来非常幸运，找到了答案，实现了自己的目标，你的生活从此安定。突然有一天，你漫不经心地跟几个朋友分享你的经验，这些朋友学习了你的方法后，都得到了很好的结果。后来，大家一致认为：你应该跟更多的人分享经验，但你很享受现在的生活，不愿意改变。可随着时间的推移，更多的人知道了你，找你帮忙的人越来越多，最后你只能出山。但是，你说："我只分享给500个人，然后就回去过正常生活。"

这样去写你的个人品牌故事，能够牢牢抓住大众的注意力，让他们跟着你一字不落地看完，看完以后也能立刻来联系你。

以上，就是两个故事的脚本。你可以根据实际情况和喜好，选择一种脚本来写。接下来，分享我的个人故事连载：

个人故事连载①

和你说说我的故事吧！

从小到大，我都是别人眼中的学霸，品学兼优，求学之路也一帆风顺（就是别人家的孩子）。

别人眼中各种光鲜亮丽的证书（专业英语八级、高级口译，专业法语、中级计算机、中级会计师）我都有。

进入职场后，我也顺利拿到了好几家公司的录取通知书，并最终进入一家世界500强企业工作。

每天朝九晚五，在别人眼中，这是一份令人羡慕又安稳的工作。

可是，我的人生就这么一直一帆风顺下去了吗？

正当我觉得一切顺风顺水的时候，意想不到的事发生了……

具体发生了什么事呢？下一条朋友圈告诉你。

个人故事连载②

这不是我想要的人生！

接着上条跟你说的故事，我继续讲。在一切顺风顺水的时候，到底发生了什么呢？

你知道吗？

我毕业以后，以为自己的学历背景还挺牛的，自信满满地想要大展拳脚。却发现进入公司之后，一切其实都得从零开始，只凭学历和几张文凭远远不够……

（国有企业不仅人才一大把，还有很多家里有雄厚背景的人。）

不管自己再怎么努力，依然是一个职场小透明，连晋升的机会也很难得到，更别说换个工作岗位了。

每天重复着同样的工作，一眼就能看到30年后的自己在哪里，抱着一份饿不死的工资做到老。

所以有一天，我终于想通了："不，这不是我想要的生活！"

于是，我开始改变自己。

为了改变自己，我都做了什么事情？下一条朋友圈，继续和你分享我的故事。

个人故事连载③

折腾了四年，奇迹出现了。

接着上条继续跟你说，那时的我发现，现在这份朝九晚五、天天重复的工作，并不是我想要的。

我从小这么拼命地读书，要的不是这样重复的工作，来填满我的一辈子。

我想要能够时间自由、工作自由，还能有点挑战性，体验不一样的人生的事业。（有点痴心妄想，对吧？）

但是，到哪里去找这样的工作呢？当时的我，真的迷茫焦虑到抓狂。

于是，我在下班后的时间，报了很多课程。

什么阅读、写作、英语、时间管理、沟通和演讲，各种职场技能，见到课就报。

天天像中邪一样，每天耳朵里听的不是音乐，永远都是各种付费课程。粗略算了一下，总共花了3万多元。

接着我就各种折腾，做过英语老师、翻译、课程分销、编辑等等。

边学习边摸索，经过不断的努力，奇迹终于发生了。

到底发生了什么奇迹呢？下一条，继续和你分享我的故事。

个人故事连载④

接受完鲜花和掌声，转身我又一次跌到了谷底！

上条跟你讲了，折腾了四年，奇迹终于出现了。

当时，我的社群运营能力特别厉害，一共管理了500多个社群，服务了3万多名学员。

还一度蝉联课程销售冠军，总共赚了70多万元。

一夜之间，我成了平台的风云人物！甚至每天还有不少同行跑来请教，令我应接不暇。

由于成绩特别突出,我被选为分销团队队长,开始管理团队。团队人数也从开始的几个人,慢慢壮大到后来的3000多人!

我也带着这个团队,一路开挂,合计收入达到上百万元!

平台甚至还给我单独做了专访(感觉有种明星待遇,走路都带风)。

这时的我,有着一份朝九晚五,别人看起来非常体面的工作,工作之余还赚了70多万元,是蝉联的销冠,还是千人团队长。

我的人生看起来一直都是春风得意。但是,事实真的是这样吗?

在一切鲜花和掌声的背后,意想不到的事又发生了,再一次把我推向谷底!

到底发生了什么?下一条朋友圈,继续告诉你。

个人故事连载⑤

努力了四年,一夜间,我又被打回了原形。

接着上条继续和你说,本来我以为终于找到了自己喜欢的小事业,并且可以一直做下去。

好景不长,一年过去了,我又遇到了巨大的困难。

我团队里大多数是副业"小白",没有人脉,也没有影响力,无法提供价值,纯分销的方式遇到了巨大瓶颈。

大家的收入都在断崖式地下降,说白了就是没有自己的作品,只是依附在平台上。

我可以靠自己的工作能力，在平台中迅速崛起赚到钱，但离开了平台，就什么也不是。

这时，又遇到了一场突如其来的疫情，也让平台严重受创。

我突然发现，努力奋斗了四年，我竟然什么都不是，依然是个打工者，被打回了原形！

所以这一次，我决定要做一件有终身价值的事，不再依附着别人过日子。

具体做了什么呢，下一条朋友圈，继续告诉你。

个人故事连载⑥

砸10万元学费之后，我成了一根资深"韭菜"！

接着上条和你说，这一次，我做了很多研究。认真思考之后，我决定一定要做一件让自己越来越值钱的事。

同时也更加确定，要成为一个独立的个体，有自己的知识体系，不再依附任何平台、任何人。

于是你懂的，我又走上了老路。

砸了10万多元学费重新开始学习，然后疯狂地报课，到处学习怎么赚钱。

当我学成归来，兴致勃勃，想要大展拳脚的时候，却发现被割了"韭菜"，一分钱都没赚到。

学费花了不少,依然没什么用!

最糟糕的是,课程没效果,想退钱还退不了。(你是不是也买了一堆没用的课,却退不了。)

正当我焦虑迷茫的时候,发生了一件事,彻底改变了我的命运。

下一条朋友圈,告诉你后面的故事。

个人故事连载⑦

震惊!学习文案以后,我实现了日入74万元!

接着上条,继续和你讲。

其实后面发生的事,一直在我朋友圈的你,应该已经猜到了。

跟着我的个人品牌导师Angie老师和文案师父黄振宇老师学习以后,我用学到的方法,发了第一条朋友圈后……

不到10分钟,收入599元,实现了从0到1的突破!(后来的整整一个月里,居然陆陆续续收款5万多元。)

4个月后,我又创造了一个,连自己都十分吃惊的纪录——

一场发售,日入74万元。

所以,我特别感谢曾经的自己,一直没有放弃,找到了独一无二的精彩人生!

感谢你每天守着我的朋友圈,看完了我的故事,希望你也可以成为更优秀的自己!

我的个人故事采用了第二个脚本，没有苦难的出身。我做副业的初心，就是帮助更多像我一样在职场上打拼的人，能够拥有真正选择自己生活的底气。在冲突的制造上，我也不断设置了起伏。

第一个冲突：原本以为自己进入职场后，会一帆风顺地大展拳脚，没想到仅凭几张证书远远不够。

第二个冲突：想开启副业，但不知道该做什么，于是到处砸钱报课学习，每天像中邪一样，花了3万多元学费，但还是变不了现。

第三个冲突：在不断的摸索中前进，我竟然慢慢地做到了平台销冠，组建了千人团队。我在一切顺风顺水的时候，意外发生了，大家的收入都在断崖式下降。

第四个冲突：我决定去做一件有终身价值的事，可是花了10万多元，报了很多课，依然没赚到钱，于是变得更加焦虑。

你看，当你的故事里融入这些冲突的时候，故事就会变得更有可看性，让人感觉跌宕起伏，想继续追着看。以上，就是个人品牌故事写作五部曲、三种冲突的写法，以及两个经典的故事脚本，能让你瞬间变成"故事达人"！

4.6 顶级文案策划：顶级文案大师不会告诉你的写作通用技巧

当你掌握了朋友圈文案、短视频文案、海报文案、营销软文以及个人故事的具体写作方法以后，你应该已经感受到，不管是哪种文案，其实写作的底层逻辑都是一样的。下面就分享九大顶级文案的通用写法，能让你的文案释放更大的威力。

4.6.1 要写出画面感

如果你的文案想让人采取行动或者提出建议，一定要用有画面感的词，因为这样容易让人有代入感！当客户大脑里有了画面感，就不是你在说服他，而是他自己在说服自己。

举例：

我从餐桌上拿起一杯水。

我从餐桌上拿起一杯柠檬水。

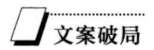

动名词的结构会比形容词和副词更容易让人产生画面感（也就是多用实词，少用虚词），比如上面两个例子中，拿起是行为动词，饮料是名词。但饮料不够具体，换成柠檬水，画面感就更强。

4.6.2 使用简单的文字

如果你的文字能让更多人理解和喜欢，受众就会越广，毕竟大多数人不喜欢思考，简单的文字最有力量、最容易理解。

更重要的一点是，大部分人刷朋友圈是为了放松和娱乐，喜欢读一些通俗易懂的文字。比如下面两句话：

面膜水嫩呵护，肌肤净透光亮。

头天晚上用了这个面膜，第二天早上醒来的时候，皮肤不干了，水嫩水嫩的。

很明显，第二句更简单直接。就像现在流行的"秋天的第一杯奶茶""我太难了""盘它""oh my god""又双叒叕"等，这些时髦的网络词语之所以能流行，能广为传播，被大众所喜欢，就是因为超级接地气。

4.6.3 标题比内容重要 10 倍

一篇文案够不够好,取决于标题是否能吸引人。人们看了标题是否会想继续看正文,看了正文后是否又会想去行动,可见标题的重要性。我在之前的章节已经介绍过好标题的写法,你一定要重视起来哦。

好的标题有三个要点:

巧用数字。

要点前置。

和热点挂钩。

比如:"一场发售日入 74 万元,我究竟是怎么做到的?""连李佳琦都打'call'的睫毛膏,3 个月卖断货 5 次。"你看完以后,是不是觉得也被吸引了?

4.6.4 多用五感进行写作

什么是五感呢?就是人的五种感觉,包括视觉、听觉、嗅觉、触觉和味觉。

雕塑家罗丹曾说:"生活中并不缺少美,而是缺少发现美的眼睛。"在我看来,生活中并不缺少美,而是缺少发现美的眼睛、耳朵、鼻子、舌头和双手。因为,观察世界万物除了用眼睛看形态,还可以用耳朵听声音、用鼻子闻气味、用舌头尝滋味、用双手去触摸质地。

五感描述法的运用无处不在,从古至今,从诗人到作家到商业文案,都在用。**视觉,就是你看到了什么;听觉,就是你听到了什么;嗅觉,就是你闻到了什么;触觉,就是你摸到了什么;味觉,就是尝起来的感觉。**比如,如何用五感法描述西瓜呢?

视觉:你瞧,这个西瓜穿着一身绿油油的条纹衣裳,挺着个大肚子,头顶上的小帽子像猪尾巴似的;

听觉:我用刀一切,只听见"啪"的一声,它从中间裂成两半,露出鲜红的果肉;

嗅觉:甜甜的瓜香扑面而来,让人直流口水;

触觉:我用手一摸,凉丝丝的感觉从指尖传来,舒服极了;

味觉:我张嘴咬下一大口,冰甜冰甜的。哇,这就是夏天的味道。

你看完以后是不是觉得很有食欲?甚至有一种自己已经跟着文字"吃"了一遍西瓜的感觉。

4.6.5　一条文案只讲一件事

一条文案，只讲一件事就好。每次写文案只关注一个重点，聚焦主题，这样客户才能更直观地接收到重点内容。切记，不要在你的文案里同时讲很多观点。比如以下这条文案：

常怀感恩之心，真的很重要。

今天，公司请来了中医专家为大家问诊，本来是一件好事。

可是，那个医生气呼呼地跟我吐槽：

"你们很多同事呀，以为我要推销什么产品，讲话很难听。我又不收费，免费给你们问诊，还要看他们的脸色。"

于是，我马上想到一位老师讲的，不管在哪里，常怀感恩之心很重要。

在这个世界上，没有谁有义务对我们好，我们应保持谦卑的心态，懂得尊重别人，常怀感恩之心。

这样你未来的路，才会越走越宽，那些所谓的贵人，才会出现在你的生命中。

这篇文案的最后，就有多个观点，既表达了常怀感恩之心很重要，又表达了要懂得谦卑，才能遇到贵人。可以改成：

这个世界没有谁有义务对你好!

今天,公司请来了中医专家为我们问诊,本来是一件好事。可是,那个医生气呼呼地跟我吐槽:

"你们很多同事呀,以为我要推销什么产品,讲话很难听。我又不收费,免费给他们问诊,还要看他们的脸色。"

于是,我马上想到一位老师讲的,不管在哪里,人都要常怀感恩之心。

在这个世界上,没有谁有义务对你好,所以记得对帮助过你的人,要常怀感恩之心!

4.6.6 文案里要突出情绪

想象一下,你希望别人看你文案的时候,像是和一个冷冰冰的机器人对话吗?如果不想的话,那一定要用这个技巧,就是在文案中植入你自己的情绪!

你可以植入惊讶的情绪。比如:"天哪,一场活动,他竟然卖了200万元!"也可以植入恐惧的情绪:"吓死我了,一个痘痘差点让我破了相!"

表示人情绪的词语有很多,你可以参考并用在文案里。比如:

高兴、开心、愉快、快乐、欢欣、欢喜、恼怒、气愤、生气、盛怒、负气、发怒、不悦、大怒、震怒、悲痛、悲伤、哀痛、哀伤、悲恸、伤心、悲哀、沉痛、痛苦、难受、忧伤、难过、痛心、不快、忧愁、哀愁、忧闷、忧郁、忧虑、忧伤、惧怕、害怕、恐慌、惊恐、恐惧、胆寒。

情绪是可以感染人的,也可以让客户产生共鸣。所以,当你的文案中有了情绪,别人就会感受到文案的这头不是一个冷冰冰的机器人,而是一个有血有肉、有温度、有个性的人!

4.6.7　制造对话现场感

这着儿威力无穷,也就是在文案中植入对话现场感,让人身临其境。

比如:"原价999元文案赚钱营,今晚12点前报名,只要99元。(在我敲下这些字的时候,又有5个人成功报名了。)"

再比如:"晚上8点,我将在群里公布一个收钱文案的核心秘密。(真的,这个秘密我从未在公开场合透露过。)"

你看,是不是每一句文案给人的感觉都像是,此时此刻我在面对面跟客户聊天?

这就是对话现场感,一旦你的文案有了这种感觉,客户一下子就会被勾住!

4.6.8 客户不会选最好,而会选更好

这个世界上,没有最好的产品,只有客户认为的更好的产品。所以,不要想着把自己的产品写成天下无敌,而是告诉客户,你的产品比他之前用的更好一点。

比如减肥产品,你只要告诉客户你的减肥产品,比她之前去健身馆更便宜,比她之前吃的减肥药更安全,比她之前用的节食方法更健康就可以。这样客户一对比就知道,选择你的产品更好。

4.6.9 客户要的不是便宜,而是占便宜的感觉

如果你去过星巴克的话,肯定对星巴克的高价矿泉水印象深刻。你可能会好奇了。"专心卖咖啡不好吗?把这么贵的矿

泉水放那里，谁会去买呀？"其实，星巴克的矿泉水不是让客户买的，而是给客户看的，为的是设置一个价格参考，让客户感觉自己买咖啡最划算，是占便宜的！

所以，客户永远不是要最便宜的产品，而是要有占便宜的感觉。你再对比一下下面两种说法：

7天包退 VS 7天免费试用。

今日下单，五折优惠 VS 今日下单，买一赠一。

是不是后面一种的描述会让你更心动？

这一章我带你详细学习了朋友圈文案、短视频文案、海报文案、营销软文、个人故事等各种文体的文案写作方法，并总结了九大文案秘诀。只要你照着我的方法多加练习，一定可以像我一样，五分钟就写出一条吸金文案。

你学会了文案的具体写作方法之后，还要掌握必备的营销技巧，这样才能真正把产品和课程卖爆。关于营销技巧的秘密，我将在下一章为你揭秘！

第五章

百万营销破局篇

文案破局

通过前四章的内容，你已经了解到打造个人品牌应该如何找准定位、设计自己的产品矩阵、搭建思想体系，也掌握了文案思维的运用和素材的抓取，以及朋友圈文案、短视频文案、海报文案、营销软文、个人故事的具体写作方法。接下来，我会在本章中详细介绍，如何通过营销将你的产品卖成爆款。

想要打造自己的个人品牌，就一定要学会主动营销自己。 因为现在是互联网时代，新媒体短视频、电子商务跨国贸易、新零售社交电商、区块链数字货币……各种信息满天飞，导致人的注意力很容易被分散。所以，"酒香不怕巷子深"的年代早已远去，想要在互联网社会占有自己的一席之地，你就必须主动出击，学习必备的营销技巧。

·如果你是一名实体店店主，苦于生意每况愈下，很想提升利润，就必须学习营销；

·如果你是一个社交电商，想尽快将积压的货卖出去，把钱收回来，就必须学习营销；

·如果你不想死守着一份每月几千元的死工资，想通过网络开辟自己的副业，甚至想通过副业致富，就必须学习营销；

·如果你是一名宝妈，需要照顾孩子，没办法出去工作，也不想事事都跟老公伸手要钱，更不想看婆家的脸色，想通过网络赚点零花钱补贴家用，证明自己的实力，就必须学习营销；

·如果你是一名创业者，你的业务正遇到瓶颈，没办法突破，也必须学习营销；

·如果你想在逛商场的时候，不用看价格选择衣服；出门的时候，舍得打出租车，有勇气和底气跟父母说："你不要去上班了，我养你。"那你必须学习营销。

看到这里，也许你又会问："上面说到的这些，我都不需要，那就不用学习营销了吧？"我想跟你说的是："同样需要！"在日常生活中，营销无处不在。**你每天不是被别人营销，就是在营销别人。**相信以下几个场景，你或多或少都曾遇到过：

·你和朋友们一起去吃饭，去哪家餐馆吃，你们有不同的意见。你想让其他人去你中意的那家餐馆吃饭，你说服朋友的过程，就是一种营销。

·你家孩子不听话，吃饭时总挑食，沉迷于手机游戏，上课经常开小差，不爱学习，写作业拖拉，你教育孩子的过程，就是在营销孩子。

·你在公司工作，想让领导给你升职加薪，这时候你就得去营销你的老板。如果你升职加薪了，那你就成功营销了你的领导。

·你喜欢一个女孩，你想追求她，谈恋爱的过程就是营销。

所以，营销在**生活中无处不在！**有人营销产品，也有人营销思想，甚至有人营销梦想。营销不仅是一个职业，还是每个人必须学习的一项能力，更是一种思维。

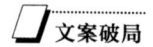
文案破局

5.1 价值植入法：简单八个策略，轻松提高产品成交率

不管你是卖知识付费课程还是卖产品，都要"塑造价值"，如果不把握这一点，可能很难销售出去。我之前就踩过这样的坑，明明课程收费不贵，但发布以后丝毫没有动静，就是因为没有塑造产品的价值。

想象一下，如果我说今天有一栋房产卖100万元，明天一定会涨到200万元，你是不是借钱也会买？所以，**客户购买的时候，在意的是产品的价值，而不是价格本身。**

那么，怎么塑造价值呢？你可以告诉别人，你是跟哪些厉害的大咖学习的这套方法，砸了多少钱学来的，曾经帮助多少人解决了什么问题等。

比如你的定位是做减重，那你可以写自己是怎么研究出这套方法的。你或是别人用了以后，一个月轻松减重多少斤，还可以在文案的最后留一句话："现在这套方法，免费告诉你。因为威力太大，仅限前3名，看到这条朋友圈，赶紧私信我！"那么这时候来找你的，一定是对减重感兴趣的精准客户。

然后，在咨询的过程中，你可以问客户："我接下来会做个系列课，你觉得这次咨询价值多少？"客户通常会给你一个数字，而这又是你发朋友圈的素材。当好多人都反馈，你的一次咨询价值200元或300元，甚至上千元的时候，你就可以开始收费了。

你看，客户觉得你的一次咨询值好几百元，但一个月的课才收费199元，那客户是不是就会觉得你的收费超值？自然也会更愿意为你付费。

那么，有哪些方法可以帮助你轻松提高成交率呢？你可以从以下八个方向入手。

5.1.1 展示产品和服务的价值

1. 量化价值

量化价值，就是用数据呈现你的产品能给客户带来哪些好处，分为实际价值和心理价值。 实际价值就是指报名你的课，或者买了产品以后客户能得到什么好处，比如报了你的减脂课程，能减下多少斤体重，或者报了文案课能增加多少收入。另外一种是心理价值，现在很多人花很多钱买LV、Gucci等大牌包，并不是因为这些包本身值很多钱,而是因为背大牌包是一种身份的象征。

所以,在描述产品的时候,你可以多用各种数据描述。比如使用这个产品可以节省客户多少时间,降低多少成本,增加多少收入,提高多少效率等,而心理价值就是让客户感受到,用你的产品特别有面子。

2. 价值标杆

价值标杆就是要为产品找一个可对比的对象。对比对象通常包含以下三种:

第一种,和过去的销售价格对比。比如你的课程曾经卖10000元,现在免费赠送,这样客户就会觉得自己赚到了。这背后有一个人性密码:**客户不喜欢买便宜的东西,但他们都想占便宜。**

第二种,和别人的售价对比。比如我花了15万元报名某位大咖老师的课,现在把学到的全部内容毫无保留地分享给客户,学费只收2万元。你会不会觉得自己赚到了?

第三种,和花费的时间、精力对比。比如同样是蛋糕,虽然在一般的蛋糕店买一个只要50元左右,但如果你的蛋糕是报了一个高级甜品课,付了3000元,用课程里面学到的方法,耗时12小时亲手制作出来的。那么,当你描述整个过程的时候,客户就会觉得这个蛋糕更有价值。

3. 材料和工艺

介绍产品的生产材料以及工艺是塑造产品价值的一个重要方式。目前一些高端产品，都会通过强调制作过程为纯手工打造，材料用的是世界上最高端的材料，或者某种新型材料，来体现产品的价值。

比如，如果你是卖包的，你就可以这么塑造价值："这款包，纯手工制作。选用的牛皮经过精挑细选，一百头牛里只能选出一头适合的牛，每一头牛身上也只有0.5平方米的牛皮满足要求。"客户听着就会觉得你卖的包与众不同，贵有贵的道理。

除了材料，你还可以在生产者或者授课者身上挖掘价值，比如你报的某个课程，老师都毕业于清华或北大，通过层层筛选才能上岗，而且至少有200个小时的教学经验。这样的描述就会让客户放心选择。

4. 功能性描述

功能性描述，就是站在客户的角度去思考客户的痛点和理想状态是什么，然后描述你的产品能解决客户什么样的痛点，或者帮助他达到怎样的理想状态。

如果你是卖保湿型洗面奶的，就可以先思考一下，皮肤缺

水的客户会有哪些烦恼？是不是脸上干得起皮，时间久了容易脱皮，还很紧绷，搽了护肤品也没用，出门都不敢和别人近距离说话，这就是客户当下的痛点。如果洗面奶的保湿效果好，会有哪些不错的效果？比如去皱、上妆不卡粉、皮肤水润有弹性、化妆更自然，看起来白皙通透等，这些就是理想状态。

为什么总要在文案里强调**痛点和理想状态呢？因为这是两大人性密码**。痛苦对应的是人对过去的记忆，理想状态则是一个人对未来的想象。这两点都可以触发客户的情绪，因为即使再理性的人，在购买下单的那一刻，也是感性的。

5.1.2 展现独特性

独特性，是指你的产品或课程有哪些功能是别人没有的，不敢有的，或者不愿意有的，那这就是你的价值。独特性具体体现在四个方面：

更迅速：比如我的文案课和一般的写作课程不同，我的文案课可以让你学完之后发到朋友圈立马见效。如果你有自己的产品，销量就会显著提升。

更简单：比如我的这套文案写作方法，不需要多高的学历，只要达到小学三年级的文化水平就能学会。

更安全：比如某种减肥产品，宣传是完全没有副作用，不需要吃各种减肥药，只需要调节饮食即可。

更省力：比如某课程广告语："30天从小白到大神。"从"小白"到"大神"可能需要几年的实战经验，而这里只要30天就可以，是不是会让你觉得很省时间？

当你的产品拥有以上独特性，就能在众多竞争对手中赢得客户更多的青睐。

5.1.3 做出零风险承诺

零风险承诺指的是在交易的过程中，你作为营销人主动承担风险，并且愿意承担尽可能多的风险，把客户担心的成交风险降到零。零风险承诺可以大大提高你的成交率。最简单的一种方法就是承诺无效退款，但也有很多不同的设置方法，比如以下四种：

无条件的零风险承诺：就是任何时候客户都可以要求退费。

有条件的零风险承诺：比如要求客户提供他们使用产品后没有效果的证据，确保不存在恶意退款的情况。

部分零风险承诺：比如课程学完以后，客户如果觉得没有帮助，可以申请退一半学费。

跟赠品相结合的零风险承诺：报名课程送几项超级赠品，如果客户觉得课程没用，赠品可以保留，学费全部退还。

以上四种零风险承诺的不同设置方法供你参考，你可以根据实际情况选择一种，会帮助你在提高成交率的同时反向促使你尽可能做好交付。如果是产品类的，也可以加上一个附加条件，比如购买产品一周内没有拆封，可无条件申请退货。

这里需要注意，如果客户来咨询你的产品，不要一开始就告知有零风险承诺，这样会让客户觉得："反正我有零风险承诺可以退款，不妨买来试试。"一定是当你产品的价值都塑造好之后，如果对方还有犹豫，再提出零风险承诺，否则客户不仅不会下单，反而会质疑你产品的效果和价值。

5.1.4　设计超级赠品

赠品设计是最能提升信任值的。因为你可以通过赠品塑造和突出你产品的独特之处，以及区别于竞争对手的用心之处。一定要记住：**即使是赠品，也需要塑造价值**。否则即使送了一大堆免费赠品，客户也不会重视。

当你塑造价值时，要尽可能站在客户的立场去描述对方能马上感知到的词语，或者让对方明显体会可能得到的结果。只有这样，才能真正提高产品以及赠品在客户心中的价值。比如，我的年度社群会送一次价值 5980 元的 1 对 1 咨询，客户看了以后可能没什么感觉，如果我加上一句话："一个学员之前和我打了一通电话，回去用我教的方法马上赚了 9 万元。"这样是不是就能让客户感受到，我的方法威力有多大了？

另外，**赠品和价值要和产品的价格相匹配。**如果卖一个 9.9 元的课程，千万别送五六个赠品，这样反而会分散别人的注意力。

最后，**赠品也要有关联性。**卖文案课的时候不要送面膜。卖面膜可以送眼霜，或者送睫毛膏。

5.1.5　设置支付条款

支付条款，是指对货款支付的金额、方式、时间的规定。大部分人做营销都不会花时间去研究"支付条款"，可这是最直接影响你成交结果的关键因素。因为当你还没有和客户建立足够的信任，就直接让客户支付全款，可能会因此丢失一单生意。

支付条款主要分为以下三种。

1. 一次性支付

很显然，如果你还没有交付你的产品或者是服务，上来直接就要求客户"一次性支付"，可能会"扼杀"掉成交的机会，甚至把客户给吓跑了。

当然，对于一些客单价并不高的产品，如果你已经完全展示清楚能提供的价值，可以直接让客户一次性支付，因为你们之间已经建立了相应的信任度。

2. 分期付款

分期付款的方式更有吸引力，因为背后包含了两点因素：

你愿意承担风险，是因为对自己的产品和服务有信心；

可能有很多人暂时没有足够的钱去购买你的高价产品或服务，分期付款的方式降低了门槛，可以让更多人成交。

这个方法通常建议客单价高的产品使用，一方面可以缓解客户一次性支付的压力，同时又能把握住提前为客户提供价值的机会，与客户建立更深的信任。

3. 收益付款

收益付款，是指边学习边赚钱，等赚到钱再付费的模式。比如卖一个 3 万元的私教服务产品，允许对方交 1 万元定金就可以开始学习。等第二个月赚钱了，再支付剩下的 2 万元。

如果你真的可以帮助到对方，而对方对你又有一定的信任前提，愿意听你的话执行，就完全可以选择这种付款方式。

5.1.6 优化送货方式

如何把货品送达给客户这个细节，往往也会影响成交。很多客户之所以犹豫不敢下单，有一部分原因是担心送货问题。比如客户付完钱等待货品的那段时间，往往会产生焦虑感，担心自己被骗。因此，为了提高成交率，我建议你可以设置以下三种方式。

1. 现场提货

现场提货，是指客户付完钱能马上得到产品，比如我们最常见的知识付费课程，就是这种类型。这种场景设置对客户非常有吸引力，成交会比较快。

2. 延期发货

比如"7 天后，送货上门"，肯定不如现场提货有吸引力。

有时候一些产品确实是没法现场提货，该怎么办呢？

你一定要承诺多长时间内发货，清晰地告知对方你将会使用什么快递发货。因为客户下单后都会有同一种心理，就是怕自己上当受骗，所以你描述得越详细，越能打消客户的顾虑。

3. 分期发货

有些产品可能必须分期发货，比如有客户购买了你6个月的产品，先付了全款，但货品是一个月一发的，客户可能会担心后面的货不能按时收到。你需要明确地告诉客户，这6个月中你将在规定的什么时间发货，由什么物流公司进行派送，这样客户的担心就会少很多。

比如："我将分批在6个月内发完货，每月5号发货，用××快递公司，大概需要3天左右的时间你就可以收到货了，每次发货前会跟你联系，货品寄出后也会立即告诉你快递单号。"这样就让对方感觉很踏实。

5.1.7 塑造稀缺性

为什么要塑造稀缺性？很好理解，物以稀为贵。比如，上海黄浦江一线的江景房为什么那么贵，很重要的一个原因就是稀缺；江景房就那么几套，卖完就没了，客户认识到这一点就不会再犹豫。所以，稀缺性可以让人立即行动，在交易中促使客户尽早下单，提高成交率。

你也可以说自己的产品或者课程的数量有限，先到先得，仅限 10 个名额。但这里需要你解释为什么课程是限量的，这样客户才会相信。比如你可以说："因为我是 1 对 1 带教，精力有限，为了更好地服务学员，只收 10 个人。"这样客户就会信服，而不会觉得这是套路。

5.1.8 营造紧迫感

紧迫感是什么呢？举个例子，如果一个有抽烟习惯的人，在医院被医生诊断出肺癌早期，医生说必须戒烟，好好保养身体，不然病情会发展到肺癌晚期。那么，这个病人就会迅速采取行动，戒烟，改变生活习惯，这就是紧迫感促使人产生了行动。

比如，我在招募我的超级文案 IP 掘金私董会的时候，都会强调："因为这个课程是重度交付，所以一次最多只招募 10

个人，完全1对1辅导，而且今晚12点之前就会涨价5000元。现在有5个人已经付款了，你要抓紧时间！"

就是要制造一些紧迫感，比如设定一个截止日期，使用敏感的语言，比如"这个活动明天就结束了""最后一次机会"等。**重点是让你的潜在客户对等待感到不安。**

这一节我主要讲了塑造你产品价值的八大策略，你可以单独使用，也可以组合使用，都能显著提高你产品的成交率。

5.2 人性洞察法：四个人性源代码，带你轻松走进客户的内心

营销，其实就是研究人性的过程。只有悟透了人性，你才能做好营销策划，**因为所有营销都是建立在理解人性的基础上。**

举个例子来说：

给你两个鸡蛋，然后再从你那要回来一个。

直接给你一个鸡蛋。

以上两种情况，虽然都只给了一个鸡蛋，但给人的感觉是完全不一样的。第一种情况，人会有失落感，甚至可以说是从惊喜到失落。第二种情况，相对来说就容易产生满足感。同样的内容换一种表达方式，传达的意思和情绪就会完全不同，这就是掌握了人性密码的神奇之处。本节内容会告诉你四个炸裂的人性源代码，也就是人性背后的按钮，让你一按就轻松走进客户的内心。

5.2.1 好奇心

首先，来看下这条朋友圈文案：

如何激活朋友圈，让客户不断来找你？

今天我给学员们讲了一课，他们都说，实在太震撼了。用这个方法，你不用费劲私聊客户，客户会反过来主动咨询你。每天不断有人咨询你，那你的收入至少增加好几倍……

这套方法就是利用了，人性中的一个重要元素。

想知道让客户源源不断找你私聊的秘诀吗？私信我回复："秘诀"，我免费告诉你！

看完以后你心里有什么感觉？是不是觉得心里痒痒的？人天生都是有好奇心的。**如果客户能对你感到好奇或者产生兴趣，其实对销售而言就已经成功了一半**。换句话说，这是客户靠近你的基础。有了这个基础，你可以挖掘客户的需求，给出解决方案，促成客户购买。

当你把这条文案发出去，只要有一个客户给你转账，你就可以发布到朋友圈。不管是买了你的产品、购买了你的课程，还是找你做免费咨询，这个方法都适用。

发布的时候怎么配文案呢？在前文也提过，可以通过广播"第1个名额没有了""第2个名额没有了"，不断刺激正在观望的人。那是不是观望的人很可能就忍不住了，直接给你转账？记得文案要带着痛点一起，每一个痛点都可以成交对应的一群客户。

如果有人找你询问那个秘密，你又该怎么做呢？尽量用语音而不是文字告诉对方，这样对方就会慎重对待，也千万别想着去成交，要学会先提供价值。比如，你可以先问对方："文案变现和个人品牌打造方面，你有什么问题吗？我看看能不能帮到你。"回答问题就是建立信任的过程，如果你真诚地回答，那么对方就会更关注你的朋友圈。

另外，你还可以举一反三，比如你看到一本书（跟你定位相关的），拍下书中一句话，关键的地方打马赛克，然后发朋友圈说："刚才，我看了一本书，里面有一招很厉害，只要你一用收入立马翻番，如果你想知道，私信我回复666，因为威力太大，仅限前5名！"或者你是卖护肤品的，可以这么发："有一招特厉害，明星都不会告诉你，用了这个方法之后，不出1个月皮肤立马又白又紧致。想知道的私信，前五名还有小样赠送。"然后你估算着时间，大概用完小样几天可以让客户给反馈，客户获得了方法和免费的小样，一般都会给出好的反馈。那么成功案例又可以发到朋友圈了，接着再来一次。

这个方法的目的是找到你朋友圈里的意向客户，和你的客户有一次深度连接。因为，成交的前提是信任，当你掏心掏肺为客户着想，给到客户价值时，赚钱就是水到渠成的事。

如果你是知识付费行业的，咨询完了以后还可以准备一个小福利，这个福利可以是 PDF 格式的资料，资料里是跟你定位相关的实用小技巧。比如你的定位是职场晋升，是不是可以做一个《100 个升职加薪小锦囊》，然后在资料里留下你的微信二维码；如果对方随手转发给朋友，等于又做了一次传播。或者在你的 PDF 格式的资料最后放上对外收费 99 元的社群招募信息，如果别人看了你的资料感兴趣，也会想要付费进入社群。

所以，**成交不是一个动作、一个话术，而是一环扣一环地提供价值，帮助别人解决问题的过程。**

最后，我来总结一下**好奇心文案应该怎么写？**

塑造一个物品（一项技能、一本书、一个知识点等）的高价值，告诉别人有什么用，用了能达到什么样的效果。

制造稀缺感。比如，我只分享给 20 个人；前 10 个只要 9.9 元，满员后涨价到 19.9 元，促使客户做决定。

明确的行动指令。"如果你想知道，立即点击我的头像转账"，你的行动指令越具体，客户下单的概率就会越大。

5.2.2 渴望

渴望是四大人性源代码之一。无论你的产品多么优秀，都不是客户真正关心的，**营销的关键是激发客户对你产品"想要"的渴望**，这样客户的主观意识上就倾向你了。

怎么激发客户的渴望呢？ 有以下三种方法。

1. 戳痛点

痛点就是客户辗转反侧睡不着，担心忧虑，想立刻得到改变的事。**而痛点文案就是找到客户理想和现实之间的落差，运用对比凸显这种冲突。** 比如，"孩子上学交不起学费，看到商场漂亮的衣服好心动，好久没有打扮一下自己了，连同学聚会都不敢参加。可是想起卡里的钱要给娃交学费，只能默默咽口水，忍住不买"。这种现实和梦想之间的落差，往往会狠狠戳中同类客户的心。

2. 理想状态

比如，有人在朋友圈晒豪车豪宅的照片，就是想通过展示这种美好的生活状态，告诉客户如果加入自己的团队，也可以拥有这些豪车豪宅，从而吸引别人加入。

3. 成功案例

比如卖护肤产品的会晒对比图，展示客户使用产品前后分别是什么状态。这种方法简单粗暴，但非常好用，很容易就会勾起客户的购买欲。

至于如何通过写作激发客户的渴望，我已经在之前的文案写作相关章节里详细讲解了，你可以回看复习，就不在这里赘述了。

5.2.3 惊喜

巴菲特说："能让客户感到惊喜的企业，相当于拥有了一个免费的销售团队，你看不见他们，但他们无时无刻不在替你宣传。"**所以，最成功的营销，就是给客户持续创造小惊喜！**

就像客户到店购买以后，商家结账时一般会抹零。比如，客户消费了105元，直接跟客户说收100元，这种方法是最简单、最有效的。还有上一节说的送赠品，也是会给客户带来惊喜感觉的行为。另外，还可以设置抽奖，我曾经在一个社群里做过188元红包抽奖，群里热闹非凡，很多参与者后来都报了我的课程。

5.2.4 恐惧

营销过程中有一个顶级撒手锏,就是恐惧型文案,也就是告诉并让客户感受到,如果不用你的产品,那么一直在担心的某种不好的结果就会出现。这里分享引起客户恐惧的两个具体方法。

1. 诉诸严重后果

比如,如果你只拥有一份固定工资,就会有以下后果:遇上职业天花板,有限的工资无法抵御通货膨胀,随着生活成本的无限增加,你就无法追逐自己的梦想和自由等。所以,这一切都决定了你需要找一份副业。

2. 诉诸损失厌恶

人都是天生的损失厌恶者。比如,你今早出门的时候,捡到了100元,估计你一整天的心情都会很好。但晚上的时候,你发现这100元被你弄丢了,你的心情估计就跟下雨了似的。事实上,这100元本来就不属于你,如果从来没有拥有,你不会觉得难受,但拥有了再失去,就会难以接受。这说明,**人往往不愿意放弃自己拥有的东西,哪怕这个东西的价值并不大。**

要注意,恐惧的程度要适中,且一定要发生在眼下。如果恐惧过度，容易导致客户远离你。你可以对比以下两种话术：

你不在家的时候，家里起火了怎么办？所以，请安装××摄像头。

安装××摄像头以后，如果家里进了人，打开手机你一眼就能看到。

第一种话术，客户会觉得起火的概率比较低；换成第二种话术，客户就容易接受了。

以上就是四大人性源代码。其实，**营销的所有核心都是围绕人心、人性的研究和应用，所以搞懂人性，天下就没有难做的生意。**

5.3 绝对成交法：1对1成交，帮你搞定不付钱的客户

当你掌握了发圈方法，在朋友圈塑造了价值，客户肯定会感兴趣来咨询。那么，到底该怎么和客户聊天才能不把对方给聊跑了呢？有时候你觉得不知道如何聊起？还有的时候，明明客户意向很强烈，结果反而被你几句话聊跑了。

这一节内容，我会分享1对1成交秘籍，主要有两大部分内容：**心态和技法**。

5.3.1 三个心法，让你的私聊成交赢在起跑线上

首先，记住一句话：**成就他，就是在成交他**。只有懂了"道"，你才能更好地运用"术"。

当你真心急客户所急，去解决他的问题时，你会发现，客户反而会被你成交，或者是在未来的某一天，回来成就你。所以，

放下此刻的成交心,真正把客户当成你的朋友和家人,未来你的收获会远超预期。我也一直告诉我的学员,要给客户提供价值,先帮客户解决问题,客户就会给你惊喜。

其次,**先卖人后卖货**。怎么理解?举个例子,你是不是碰到过这样的情况,A和B在朋友圈卖同样的产品,同样的价格,但你就是会选择跟A买,而不是跟B买?这是为什么呢?其实,就是三个字:"信任度。"所以,你首先要成为一个让别人喜欢和信赖的人,才能真正卖好你的产品。那你应该怎么做呢?这里分享一些小技巧。

新加上的好友,一定要带上对方的昵称问候,比如:"×××,很高兴认识你。"有条件的话,还可以升级一下,比如发个红包,红包封面带上对方的昵称。你想象一下,如果有人把你的名字写在红包封面上,你的感觉如何?是不是会觉得被人重视。而且,人的第一印象很重要。你发完红包以后可以再加一句:××你好!我是谁,是做什么的,加一句夸赞语。夸赞可以是对方头像好看,可以是自我介绍后,夸赞对方某个方面优秀。但一定要具体夸赞,而不是泛泛地说你好棒,让人觉得不真诚。这样对方可能对你有了一个非常好的印象。聊一会儿后,你可以主动送一份资料,资料里有个人介绍,有干货和案例,一系列操作下来,对方对你的好感度是不是立马提升了呢?

最后,**自信和真诚才是最好的法宝**。任何事能做成的前提,都是自信。我曾经观察过我们公司的销冠，月收入六位数，比起销售技巧，更让人印象深刻的是她特别认可公司的产品，她发自内心地觉得谁买了公司的产品，谁就是受益者。加上她特别真诚，客户都会被她吸引，业绩一直都做得不错。

所以，在销售的过程中，其实并没有用太多的技巧，而是自然而然地散发出对产品的自信心，立马就能感染到对方。

5.3.2 私聊沟通八部曲，带你轻松搞定不付钱的客户

说完了心法，接下来说说具体的技法，先来看一个小故事。

有三个商贩都在卖水果：

一位老太太去买菜，路过水果摊，看到有卖苹果的商贩，就问道："苹果怎么样啊？"商贩说："我的苹果特别好吃，又大又甜！"老太太听了以后，摇摇头走了。

旁边的一个商贩见状问道："老太太，您要什么苹果，我这里种类很全！"老太太说："我想买酸点的苹果。"这个商贩答道："我这种苹果口感比较酸，请问您要多少斤？"老太太说："那就来一斤吧！"之后这位老太太继续在市场逛，好像还需要买什么。

文案破局

这时,老太太看到另一个商贩的苹果很抢眼,又大又圆,便去询问:"你的苹果怎么样啊?"商贩答道:"我的苹果很不错的,请问您想要什么样的苹果呢?"老太太说:"我想要酸一些的。"商贩又问:"一般人买苹果都是要大的甜的,您为什么要酸苹果呢?"老太太说:"儿媳妇怀孕了,想吃点酸的苹果。"商贩又说:"老太太您对儿媳妇真是体贴啊,她将来一定能给您生一个大胖孙子。几个月以前,这附近也有两家要生孩子,都是来我这里买苹果,您猜怎么着?这两家都生了儿子。您想要多少?"

老太太被商贩说得高兴了。商贩又给老太太介绍其他水果:"橘子也适合孕妇吃,酸甜口味,还有多种维生素,特别有营养,您要是给儿媳妇买点橘子,她肯定开心!"最后,老太太被商贩夸得开心,买了一堆水果,满意地回家了。

所以,三个商贩都在贩卖水果,结果却不同,这是为什么呢?

第一个商贩直接向老太太介绍自己的苹果又大又甜,老太太离开了,是因为商贩没有询问老太太的需求,而是自认为大多数人都喜欢吃甜的,所以直接回答了又大又甜。但这并不符合老太太的需求。

第二个商贩了解了老太太的需求,但没有进一步挖掘和引导潜在需求,导致只卖出了一种水果,这就是销售中客单价低的原因。

第三个商贩在了解需求的同时,挖掘了老太太的其他需求,同时善于投其所好,站在客户的角度考虑,快速获取了客户的信任,同时赢得了进一步销售的机会。

所以,99%的销售都会犯的错误就是:"我有药,你有病。"就是不管客户具体需求是啥,先宣讲自己的产品。事实上你应该这样做:"你有病,我有药。"就是**先诊断需求,了解客户痛点**,再针对痛点去满足客户的需求。所以,销售最关键的一步,是诊断需求,挖掘痛点,因为痛点只有足够准,才会促发购买欲。

我把与客户沟通的过程和方法总结成了八个步骤分享给你:**寒暄破冰→诊断问题→挖掘痛点→刺激幻想→打消顾虑→介绍产品→获取承诺→最终成交**。整个沟通过程中,一定要让对方多说,并且你要共情,表示理解和认同。客户只有感觉到你发自内心的理解和真诚,才会更加认可你。接下来,我来分享一下具体每个步骤应该怎么做。

寒暄破冰。你在跟客户正式聊之前,要先看看对方的朋友圈,了解一下对方是做什么工作的,打个招呼,夸夸对方,建立一定的熟悉感。

诊断问题。无论对方上来跟你说什么,比如:"你的课多少钱?"你都不要立马回答。切记,**报价永远是最后的环节!**一定要先诊断问题。

如果你是卖文案课的,你可以这么说:"请问你在文案变

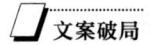
文案破局

现这块,碰到什么问题,看我是否能帮到你?"当你问完以后,对方是不是就直接说问题,这些问题背后都是痛点。比如,对方会说:"我微信上一直卖不出东西,压了5万元的货,不知道该怎么办,怎么发圈都卖不出去。"对方说完这句话,你该怎么回复?

挖掘痛点。这时候你可以重复并强化痛点,继续提问放大痛点,如果不解决会带来怎样的结果。比如:"确实啊,我(或我有个学员)之前也一样,压了1万多元的货都急坏了,你压了5万元的货卖不出去真的是很难受,这个问题是不是给你家里带来很大的经济压力?"

如果对方继续说:"对啊,现在家里都靠老公一个人的工资撑着,孩子那么小,花钱的地方太多了。"那你就可以继续重复痛点,记住,重复痛点不要照搬原话,而是用自己的话说出来,并且表示理解。

刺激幻想。当对方足够痛的时候,你告诉对方其实有方法解决,并且展示理想状态。比如:因为你的朋友圈文案没有痛点,或者没有塑造价值,所以吸引不到客户。我自己做知识付费,原来一个月都没赚到钱,学了文案以后,一周就赚了5000多元,后来实现了日入3万元甚至日入74万元。

如果你前面足够真诚,痛点挖得深,又给出实际的案例,那对方是不是觉得看到"解药"了?到这一步,基本可以抛出自己的产品，然后进行成交了。

打消顾虑。如果有人还有顾虑怎么办？你直接回答，打消顾虑就好。不要添油加醋说太多，销售感太强客户会反感。

介绍产品。有时候用户也会对产品有些疑问，那直接回答就好。比如常见的疑问有：

"我没有基础，学不会怎么办？"（本质上是用户不自信。）

"学的过程中碰到具体疑问怎么办？"（本质上是用户想要细节方案。）

"学完之后，会不会没有效果？"（本质上是怀疑卖家不靠谱，或者自己学不会。）

对此，你可以用以下具体的应对方式：解答疑问，有针对性地展示案例，比如新手成功的案例、老师耐心辅导学员拿到结果的案例、学员觉得老师靠谱的成功案例。

获取承诺。客户看到案例，有了信心以后，说："行，我想跟你学。"在还没付费的时候，你可以以退为进，获取承诺。比如："你信任我，我就一定会带你出结果，但我希望你有执行力。我再问一遍，你确定好立即马上改变了吗？你确定好认真听课练习，做好赚钱的准备了吗？"

最终成交。当获取到对方几个"是的"后，你可以做最后总结了："好的，我看到了你的决心，跟你沟通下来，也感受到你的真诚和善良。"并问对方的支付方式：支付宝还是微信，然后直接发转账二维码。这一套操作下来，同样的产品，你的成交率至少翻倍。

要记住：**任何成交的核心都是真诚。**如果你心里只想着赚对方的钱，客户一定感觉得到。

另外，如果成交失败，你也可以问客户："我想请你帮个忙，请问你没报名我的课，除了没时间学习和价格的因素，还有哪些顾虑呢？你可以帮我更好地调整自己的课程体系吗？"因为这次不成交，不代表下次不成交。

记住本章节的方法，都是可以直接拿去实操的，一定要用起来，无论文案还是销售，都是在实战中才能得到快速成长。

5.4　社群推广法：社群运营四部曲，带你玩转批量成交

如果你想在线上赚钱，一定要学会运营自己的社群，因为通过社群分享能让微信上的陌生好友快速了解你，省去了大量1对1交付的时间。同时你还可以高效地批量成交。

但你是不是有这样的疑惑，不知道建了群后该在群里分享啥？或者好不容易做起来没几天又变冷清了？眼睁睁地看着别人通过自己的社群赚了几千元、几万元，甚至几十万元，你只能干瞪眼？

别担心，社群运营也是有方法的。接下来，本节内容就分享建立社群的具体方法。

大家要知道一句话：**先做正确的事，再正确地做事。**在建群之前，你要先知道一个概念，叫作客户画像。客户画像指的就是你的目标客户是怎样的人。很多人往往一门心思搞流量，在各种社群里面添加好友，但因为客户不精准，导致成交率非常低。

客户画像包括直接画像和延伸画像，具体可以参考第二章

客户定位的相关内容。当你把目标客户都集中在你的社群后，就可以按以下几步开始运营了。

5.4.1 社群运营四部曲

第一步：取一个有个性的群名

取群名特别重要，这个名字最好和你自己的微信名字相关。这样就会有辨识度，别人一看就知道这个群是以你为主的，比如我的"金思万缕超级文案 IP 私董会"。

第二步：邀请好友进群

写一段群邀请话术，先发给平时和你互动最多的微信好友，比如：

亲爱的××，平时一直没好意思打扰你，但今天有个福利，特别想第一时间告诉你！

我想邀请你来我的社群，在群里我会经常分享，关于如何提升文案、社群运营、线上赚钱等一系列我花了 30 多万元学到的各种干货……

里面都是我的好朋友,有律师、医生、情感咨询师、宝妈等,只等优秀的你进群了!

现在你只要回复1,我来带你进群!

写一篇文案发在朋友圈或各种社交平台

这篇文案要告诉别人,你要建立一个什么样的群?为什么而建?这个群会分享哪些内容?然后在评论区写上:××社群,原价99元,前50人免费进群,50人之后付费才能进,扣1我带你进群。

注意,千万不要把群二维码发朋友圈里,否则会进来一些不同频的人,或者"广告党",到时候也不好意思踢出去,让大家扣1,你就可以选择性带人进群。

文案举例:

如何在一个月内,不用求着你的客户,也能迅速轻松赚到5万元?

为了赚钱,你是否一直低三下四地追在客户屁股后面跑,求着客户下单?

甚至连说话都不敢大声,时刻小心翼翼,像求着别人一样?

曾经的我也是这样,无数个夜里,我躺在床上问自己,赚钱就应该这么卑微吗?

为什么我不能有尊严地赚钱?

于是,我前后一共砸了30多万元学费,深度学习创业和副业赚钱的相关知识(相信朋友圈的你,也看到了)。

这段时间的努力学习,让我进步飞快,每天都在成长,刷新自己的认知。

甚至在短短的30天里,瞬间就赚回了5万元!

为了回馈朋友圈里的你对我一直以来的支持,我决定建立一个年度社群,不定期在群里分享我所学到的各种赚钱的方法。

注意:任意一招你学会了,都可以直接收钱,再也不用求着你的客户了!

所以,如果你也迫不及待地想要像我一样,开启收钱模式,现在识别图中二维码,立即转账9.9元(满20人涨价10元),速度抢占属于你的名额!

学会借力

借力可以分为借人的力和借群的力。

借人:就是除了把你的老客户拉到群里(如果是线下的业务,可以通过搜索手机号找到客户微信),还可以借亲朋好友和社群成员的社交链进行裂变,具体方法后面章节详细为你介绍。

借群:如果你身边有需要推广且有社群的朋友,你还可以和对方换群,也就是互进对方的群。要注意,互补的定位客户要精准，比如你是做美妆的，对方是做女装的，那么客户画像就是一致的，或者去竞争对手的群。另外，现在很多平台的公众号里都有各种社群。你还可以用"加群"这个关键字在微信上搜索，会跳出很多群二维码，你可以选择性地加入。

第三步：正式开启运营

重视新人进群的环节

新人进群，要发红包专门欢迎，让每个进来的人感觉被重视。不要舍不得红包钱，它带来的价值远比钱本身重要。如果你进了一个群，群里冷冷清清的，也没人欢迎你，估计下次你关注这个群的频率就不会很高。如果你刚加入一个群就发现群里特别活跃，你会很好奇这个群里有什么神秘的地方，然后就会格外关注它。

编辑一条群公告

当社群成员的人数达到 20～30 人，就可以开始运营了。你可以先发群公告，说明为什么要建这个群，接下来这个群有什么玩法，在这个群里会分享哪些内容，等等。比如：

Hello，各位亲爱的小伙伴，欢迎你来到 Celine 的超级成长年度社群！

本群将不定期分享各路赚钱干货，每周 1～2 次，还有各种抽奖福利，也欢迎红包、感恩、热情、专业，轮番上阵。

作为有钱人，你是这样的：

多发红包，多感恩领了红包，说谢谢，这样你会吸引更多钱；

来了新朋友，列队欢迎，这样你会吸引更多人气，人气就是财气！

设置社群传统和规则

社群传统要有规律性，形成习惯，比如每周几统一分享，每个月抽一次奖等。总之，有你自己的调性。

不定期清理群里的人

群里的人不是越多越好，而是越精越好。你可以把长期不互动的人踢出去，踢之前在群里说一声。这样也会给社群里的人一种危机感，让大家更积极地参与互动。当然，前提是你的群在前期提供了足够的价值！

第四步：快速设计分享稿

你分享的内容要和你的定位相关。比如，如果你想吸引人和你学英语，那你群里的分享就应该是以英语学习为主题；如果你想卖房子，那你就可以分享如何避坑。还可以分享其他主题，就像拍短视频一样，有垂直类和泛垂直类话题。你也可以在群里分享自己的成长经历，生活中的一些琐碎的事情，比如儿媳和婆婆相处的细节和技巧等。否则时间久了,大家就会没有新鲜感了。

那么如何在群里做分享,你可以按照以下五步走:

找客户的痛点。

罗列你分享的好处。

具体的步骤和方法。

结合你的方法,具体的使用案例。

课后练习。

概括来说就是 10 个字:**痛点、好处、方法、案例、作业**。这是我从王通老师那里学来的框架思维。

比如,如果你要做一次分享,叫"如何快速提高情商",就可以将内容分为五个部分:

情商低所带来的痛点。比如因为情商低,没有朋友,在职场四处碰壁,家人对你不满。

听完这个分享,能带来什么好处?比如说话更加讨喜,让你更受欢迎。

罗列具体的步骤或方法,就是这个分享最关键的地方。

具体运用的案例。如果光讲方法,客户也没有感性认识。所以,可以结合一个具体的例子。

布置课后作业。

按照这五个步骤,你就可以轻松把分享稿,甚至是课程设计出来。

关于社群运营,最后我再总结六点注意事项:

社群运营最重要的是用心,当你用心后,群里的人都能感受得到。

作为群主,要先把自己的真实故事分享出来,群里的人才敢在你的群里自由表达真实的想法。

群分享不要太频繁,否则楼太高,别人就不愿意爬了。

群分享尽量用文字,别用语音,因为听语音比看文字更花时间。

分享时不要自顾自说,多看群里的人怎么回应。

社群并不是越活跃越好,而是该活跃时活跃,该消停时消停。平时要降低无用轰炸与消耗,而是在关键时间点活跃,形成习惯。

运营好社群,让社群里的成员都对你有好感和信任,社群的氛围也很好的时候,就可以考虑在群里进行群发售了。

5.4.2 批量发售六部曲

群发售是最好的进行批量成交的方法,具体做法分为以下六步。

第一步：为你要发售的产品取个好听好记的名字

名字本身自带传播性，一个好听好记的名字更容易吸引人的眼球，适合传播。你可以对比一下"减脂训练营"和"3天瘦10斤的懒人吃瘦减脂营"哪个更吸引你？是不是后一种更加让你有报名的欲望？

第二步：确定群分享主题

千万不要直接拉一个群就开卖，人都是很排斥被推销的。所以，要先确定一个分享主题，这个主题可以是一个比较震撼的事件拆解，或者是你学到的干货，还可以接龙，让群里的小伙伴自定主题。

第三步：邀请种子客户引爆

种子客户一般是之前买过你产品的老客户。如果想确保在群里卖东西百分之百成功，最好的方法就是先确定一批你的种子客户，在那些最信任你的人里先做小规模的测试，再到大群里卖。

比如，你可以给老客户发一条私信："亲爱的××，我们公司这款产品，原价是999元，现在在搞店庆活动，只要五折，但只有100个名额，我第一个想到了你。如果需要的话，回复666即可，如果没有回复，我就把名额让给别人，感谢你一直以来的支持。"这样客户就会觉得，这个名额原本属于他，自然不想拱

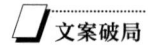

手让人。就像在商场买衣服,如果你在试穿,旁边一个顾客指着你身上的衣服说:"这件我要了!"你是不是也不愿意让给别人?

第四步:设计群裂变

裂变,就是从一个分裂成两个,两个变成四个,之后不断扩展,共同形成一个庞大组织的过程。社群裂变可以达到人数快速递增的效果。群裂变有以下四种方法。

1. **送福利**。送赠品可以吸引群里的人帮你做裂变,最简单的就是设置邀请几个人进群,就可以获得相应的福利。

2. **闺密计划**。比如你的社群,对外收费99元,但可以给群里的成员一个特殊的福利:可以任意邀请一个最好的朋友进群,不用额外支付门票,但每人只能邀请一个。

3. **打榜计划**。邀请到的人越多,福利就会越大。比如邀请榜榜首,可以获得一次价值5980元的1对1咨询,这样群里有能力的人就会想尽方法达成目标。

4. **分销**。比如进群门票是99元,你可以帮客户把海报和文案都准备好,只要转发朋友圈,卖出一份得100%收益。这种方法不赚钱,这么做是为了转化后端的课程。

第五步:进行社群干货分享

分享干货的步骤和上面提到过的写社群运营分享稿是一样的。你分享完以后,可以让学员写复盘和收获,最后评选复盘优秀者,营造一个积极的学习氛围。

分享之后是发售环节,内容通常是少量干货再加发售流程。发售流程又包括以下几个环节和相关话术,这里用我的超级文案 IP 私董会课程群发售来举例。

描述痛点

你是一个花了几万元或十几万元,甚至几十万元费用,学了各种课程(已经怀疑人生那种),却一分钱没有赚回来的资深"韭菜"吗?

你是一个在大型公司工作了多年,干着公司最多(如果你是女生,甚至连生孩子都没时间)、最累、压力最大的活儿(随时担心自己猝死),却拿着不对等的薪资的人吗?

你是一个衣食无忧,却不甘于依附老公光环,想活出自己的全职太太吗?

你是一个为了让客户跟你签单,不得不放弃自己的尊严,说着言不由衷的话的销售吗?

说明好处

这里有一个可以让你一辈子被财富追着的秘密,很多人都在说,但几乎没有人知道怎么做。

文案破局

一个神奇的技能，让你的客户求着你把产品卖给他，即使你的报价比对手高很多的情况下。

如何让你的学员一夜之间，赚到他两年才能赚到的钱？如何让犹豫不决的客户，在3分钟之内立马下单。

如何探测客户大脑，找到他瞬间下单的按钮。

展示案例

先讲自己的故事，并且融入痛点：

我曾经在职场上受老板和客户的白眼，于是转战知识付费，刚开始的一个月时间没有赚到一分钱。现在通过自己的努力，实现了年入百万元的生活。

或许你会觉得，是因为我聪明才有今天的成绩，再说说我的学员们：

一位做新零售的全职宝妈，我手把手教她在线上打造自己的个人品牌，写原创文案，3个月竟然赚了100万，"惊艳"了她的同行好友。

一位教培行业的校长，因为"双减"政策，机构面临停业危机。我带她做了一场发售，一夜之间成交40万元。

一位月薪1800元的幼师，我手把手带她开始做个人品牌导师，第一个月就收了2.3万元，第三个月又收了整整10万元，连她自己都觉得不可思议。

一位社交电商代理，原来好几个月都收不到钱，我仅仅教她写好文案，然后做了一场简易线上发售，就轻松收入33492元，每个月都有新客户找上门。

这里有一个提醒，你可以举一些跟你潜在客户相近的例子，这样他们才会觉得，自己通过努力也可以做到。

描述理想状态

如果你想像我和我的学员们一样，拥有人生逆袭的机会；如果你不想这辈子都碌碌无为；如果你再也不想让孩子觉得自己什么都不是；如果你想在家里活得更有自尊，更有自主权。那么，现在就有这样一个机会，有一种全新的赚钱方法，摆在你的面前。

塑造产品价值

看到这里，你肯定想问，到底要付多少钱才能抓住这个机会？其实我也很纠结，你知道我在知识付费上面已经投了30多万元，学到的内容会浓缩在我的课程里，这些你觉得值多少钱？

成本塑造法： 这套文案IP打造方法，帮助我的学员们实现了年入百万元。而且,你学到的这些方法是可以受用终身,永不过时的。

好处塑造法:你不用再去讨好客户,来找你的客户都是你所喜欢的。以后完全是你在挑选客户,而不是客户挑你,可以随时拒绝自己不喜欢的客户。

痛苦塑造法:想象一下,每年都要去见自己不喜欢的客户,陪着喝酒吃饭。虽然现在可能赚了不少钱,但没有时间陪孩子。每次开家长会,都是爸爸陪着,孩子有一次还问爸爸:"为什么妈妈都不陪我,是不是不爱我?"

竞品塑造法:你是不是也花了几十万元,甚至上百万元去学MBA?但你有没有算过一笔账,到底自己赚回了多少?而我的弟子班学员们,好多都几十倍赚回了学费。

工艺塑造法:我的超级文案IP变现课程体系,是我花了30多万元,跟着顶尖的文案导师、个人品牌导师学习,看了几百本营销书,以及结合我7年的副业经历,把全部精华融合在这套方法里。

设计赠品

报名这个课程,我还准备了价值千万元的超级赠品:

第一项超级赠品:价值5980元的1对1定位梳理一次,带你找到你的专属赚钱路径。

第二项超级赠品：1对1文案课，亲自修改文案服务（我改完的文案，学员们发出去就能马上收到钱）。

第三项超级赠品：之前你报名过我的任何课程，都可以抵扣，只需补齐差价即可。

第四项超级赠品：价值20万元，30本市面上已经绝版的营销书电子版，随便看透一本，都能够让你年入百万元。最重要的是，这些书是市面上买不到的，因为真正赚钱的方法，都不想让太多人知道。

塑造稀缺性和紧迫感

这次只有5个名额，过了今晚12点，就截止报名。

给出行动指令

现在点击下方这张图片，长按识别二维码，转账1000元，即可进入审核通道。

第六步：三点爆破

三点爆破是指你在群里发售完，可以同步到朋友圈、直播间

去吸引更多人，而你朋友圈里成交的订单，可以发回到你的社群。这个就是内部吸引外部，又返回来吸引内部的一个过程。

你收到的转账截图越多，你整体的势能就会越强。你可以做直播，说自己刚刚用一条朋友圈成交了多少客户，然后引导客户加你的微信，查看朋友圈，也可以直接连麦付款的学员。我反复强调一句话：**一个客户的成交，一定能带动下一个客户**。

以上就是如何建立和运营一个社群，以及怎样在群里做分享和批量成交的全过程。你只要认真阅读，吸收内化我教的方法，就可以通过这个方法批量成交你的客户。

5.5 流量引爆法：学会这套背后逻辑，你永远都不缺精准流量

流量有多重要？做过实体店的人都知道，人流越多，客流量自然也不会少。我们在互联网上也是一样，有了流量就等于有了成交客户的机会。流量就是资源。你做任何一件事，都需要得到一定人数的支持。所以，流量越多，支持你的人越多，带给你的价值也就越大。

做互联网营销，得流量者得天下。首先，找流量一定要有一个思维，就是"复利思维"。什么意思呢？就是你今天干的所有的工作，可以让明天的你更轻松，可以让未来的你越来越轻松，这就是复利的事。

就像做线上副业，如果你学会的是方法，学到方法以后，你就会发现其实做任何项目的底层逻辑都是一样的，也是复利终身的事。如果只给你找个项目，不教你真正的方法，那只是拿时间去换钱而已。不管你以后学什么，都要有这种思维，先把方法学会。

再说回引流，你觉得什么是引流？用大白话来说，就是怎

么去拥有源源不断的新客户。引流包括：社群引流（私域），以及各个平台引流（公域），比如知乎、简书、微博、抖音、今日头条等。但很多人引流都会犯一个错误，就是引流之前，连自己的精准客户在哪儿都不知道，完全就是在一通乱打。

比如，有的人到处混群，不管什么样的群都进，然后把社群里所有的人都加一遍，可是累死累活还赚不到几个钱，这个叫作暴力引流。且不说你这样的行为，别人会不会反感，单对你自己来说，加来的人到底有多少精准客户呢？

引流最终的目的，是将这些人转化为你的付费客户。那种乱引流，或者买爆粉工具的方式，虽然最后人是加到了，但别人不给你付费，还是一点意义都没有，你说对不对？

比如，有个公众号号主的做法是，邀请朋友关注可以送话费。经过尝试以后发现，这些引来的人都是来薅羊毛的，甚至拿到话费就取关了。所以很多时候，你费尽心思做的引流方法、文案、规则等，都不是引流第一步要想的事。

真正第一步要做的事应该是什么呢？就是你得先把自己的客户是谁，会在哪儿，这些问题想明白了才行。不然就会像一个每天在少林寺里摆摊儿卖梳子的摊主一样，你的梳子再好再便宜，寺里的和尚也不会买，这都是白费劲儿。

所以，引流不光需要知道方法，更要知道背后的底层逻辑，清楚谁是你精准的潜在客户，他们有什么特点？他们的一天都是如何分配的？他们的注意力都花在哪儿了？其实，潜在客户都是扎堆出现的，也就是精准鱼塘。我可以很负责地说，1个精准客户大于20个不精准客户，甚至更多。

举个例子，比如喜欢健身的人，注重健康的人，keep是不是他们会去扎堆的地方？尤其是白领都在keep上打卡；喜欢美妆的人在哪儿？对，小红书。所以，引流的第一件事情不是引流的方法，而是一定要想明白，谁才是你的精准客户，他们又会出现在哪里？再落地一点，你要思考以下四个问题：

客户跟你买之前，会跟谁买？

客户跟你买的同时，会跟谁买？

客户跟你买之后，会跟谁买？

客户不用你的产品，还会用谁的产品？

仔细思考上面的问题，比你学所谓的方法、引流的文案都重要，因为这是最核心的东西。很多时候，你搞了半天没有结果，最大的原因在于没有摸到最底层的东西。举个例子，假如你做知识付费，是不是可以问找你咨询的客户，之前报过什么课？去过什么社群？比如你的定位是职场达人，教别人如何提升职场能力，如何升职加薪，你的目标人群一定是职场人士，对不对？那这些人可能还会买什么课？去什么样的社群？是不是有可能报PPT教程、Excel教程这些课？想要找到他们，你直接加入这些群不就行了吗？

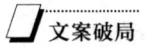

那么，进入高质量社群以后，如何引流呢？接下来我会介绍三种主要的方法。

5.5.1 自我介绍引流法

一个好的自我介绍，不管你发在几元钱的公开课群，还是几百元的训练营社群，甚至几千元、上万元的课，都能帮你吸引到不少精准粉丝。很多人不重视自己的自我介绍，或者自我介绍写一大堆，抓不住关键点，那引流效果就会大打折扣！

首先，进到一个群，你应该先看一下群公告，了解清楚什么时候是自我介绍环节。这个时候，你不要马上跳出来发，因为后面很多人会发介绍，这样你的自我介绍瞬间就会被淹没，没几个人有耐心"爬楼"看。最好的方法是，等大家介绍得差不多了，晚上 8 点到 10 点这个黄金时间，你再把你的自我介绍发出来。

分享一个非常好用的自我介绍流程：**红包（打招呼）+ 自我介绍（过往的经历 + 提供价值 + 赠送福利 + 感恩群主）+ 一句语音介绍（如果有视频就更好了，控制在 1 分钟左右）+ 红包（感恩群主）+ 红包（感恩遇见优秀的群友）**

比如，我是这样介绍我自己的：

某某老师（这里指群主），各位家人，晚上好！
我是 Celine，你也可以叫我思林，很高兴认识你们！
其实叫什么都无所谓，初来乍到，总不能空手而来。
如果你对外语感兴趣，或者想进世界 500 强，可以来联系我，因为我是世界 500 强公司经理，中英法三语达人。
如果你对写作感兴趣，也欢迎来联系我，因为学习文案写作 4 个月，我就实现了日入 74 万元。
如果你对副业赚钱感兴趣，更欢迎联系我，因为我在副业上曾带领过 3000 人团队，将业绩做到百万级。
有很多经验，你都能用得上。对了，我今天还为你们准备了三项大礼。
前 10 名联系我，送你 1 对 1 修改文案一次。
前 20 名联系我，送你价值 1999 元的"一场群发售成交 74 万元，成功的秘诀都在这里"。
前 30 名联系我，送你价值 1999 元的"如何在一周内打造出可销售的产品或课程"。
我微信有 2 万多名好友，说不定你可以用上，欢迎来联系。
未来，一起遇到更好的自己，希望能和你交朋友！

你在自我介绍里要先讲自己的真实经历，切记一定是真实的，你曾经有什么跟你定位相关的、厉害的经历，帮助过多少人实现了什么样的理想状态，多用数据化去展示。

最后设置阶梯式诱饵：前多少名加你，获得价值多少的福利，这里记住一定要写价值，否则别人不会珍惜。如果有很多人加你了，你可以截个图回到群里说，仅剩多少个名额。

给了对方福利以后，你还可以问一下对方，如果看了以后觉得有帮助，是不是可以在群里回复下："我已经领到某某老师的超级赚钱秘诀，非常有用。"如果你的资料真的好，对方获益了，对方会不会帮你在群里发一下，做个顺水人情？这时候，你是不是可以发个小红包，表示感谢？你们的关系是不是更进一步了？

营销都是一环扣一环的，所有的行动背后，你一定要真诚，发心要正。

5.5.2 混群答疑引流法

混群答疑引流法，就是通过在群里帮群友解决问题，提供有价值的方法引流。掌握这三着儿就足够了。

·**积极提供价值**。针对群的属性和自己擅长的内容积极做分享，多为他人提供有价值的内容，展示你的个人品牌。比如你擅长护肤，可以在群里分享护肤小知识，解决群里伙伴们的皮肤问题，在大家心中树立你是一个护肤达人的形象；后面人们再讨论护肤问题的时候自然会想到你。

·**积极回应，夸奖别人**。一般一个社群里80%的人都是在潜水，当有人冒泡说话时，肯定希望能够得到别人的回应，每个人都希望自己被看到。所以，当你看到有人说话，可以积极地回应，并夸奖对方。

只要坚持这么做，就会吸引同频的人来加你。当这些人成了你的好友之后，你还可以私聊几句，再发一遍你的个人介绍增加印象。后期也要维护好你的朋友圈，多分享有价值的内容，变现转化就是水到渠成的事情了。

·**积极响应群主号召，多感恩群主**。你可以在群里多分享通过这个群收获了什么、学到了什么，给你带来了什么样的结果，然后感谢群主。当你怀抱感恩之心，群主自然也会帮你推荐。你还可以在群里送福利，吸引别人添加你的微信领取福利，当然，一定要经过群主同意。

5.5.3 复盘总结引流法

复盘总结叠加的势能很强,我之前靠这着儿引流过几百个人,怎么做呢?很简单,你把自己实战的内容做成复盘发在群里,然后感谢群主。如果别人在这个群里看到你出了成绩,是不是忍不住想要主动来加你?

那么,复盘该怎么写呢?分为以下五部曲。

1. 展示震撼的结果

比如:我刚开始做文案 4 个月的时候,就做了一场群发售,实现了日入 74 万多元。你想知道我是怎么做的吗?

你看,这又是先把震撼的结果展示出来了,别人就会很震惊,很好奇你到底是怎么做的。一下子就吸引了对方的注意力,对不对?

2. 展示过程

把你是怎么拿到结果的流程一步步展示出来,就像我的那篇日入 74 万元的复盘,具体把全过程分为以下四步:

借势,想尽一切方法,扩大自己的势能;

做好细节,它会决定你一切的成败;

分享之前，先学会塑造价值；

群发售放大招。

3. 提炼方法

只有把你当时为什么要这样做的底层逻辑提炼出来，对方才能彻底明白你的操作。比如，我在复盘里详细拆解了，为什么同样做训练营，有的群特别活跃，有的群气氛却很冷清。

我用的一着儿就是"把所有的细节做到位"，收到学员付款之后，马上给每个人发了一个问卷调查表，里面设计了10道问题，了解大家来参加训练营最关心和想解决的问题是什么。**因为，你有什么不重要，别人需要什么才重要。** 这样，我就可以根据大家的需求对课程内容进行调整。

在拉群之前，我给每个人都私发了训练营的详细安排，打上每一个人的名字，而且一个个手动发，精确到几点钟进群，每天需要学习哪些内容，又要完成哪些作业等。

最后，还根据对方的问卷，送了一份小礼物（我自己总结的与文案相关的干货资料）。然后，拉人进群并在群里单独发红包欢迎了每个人，在红包封面加上他的名字。这样，大家一进群就觉得，这个社群与众不同，能量满满，关注度也会更高。

4. 提供方案

方法和方案只差一个字，区别是什么呢？方法就是你是怎么做的，方案就是告诉别人，怎么用你的这套方法。

比如，我在复盘中写道："如果你要进行一场分享，也要想尽一切方法，扩大自己的势能。你可以借助大咖，比如最近又花了多少钱，学习了某大咖的课程，你从中学到了哪些干货，取得了哪些成绩等，这些都可以分享。所有的付款截图，记得同步到朋友圈进行滚雪球，进一步为自己造势。"这些都是可以借鉴的方案。

5. 最后下钩子

结尾时怎么写，能让人忍不住加你微信呢？你可以说："还有两个关键点，因为威力太大，现在加我的微信，我私信你。"

以上就是经典的复盘五部曲。除此之外，再来说说公域引流，主要是**文章引流和短视频引流**，靠的都是输出有价值的内容，具体可以回顾上一章节。无论在哪里引流都要注意，其实吸引流量的方法不难，只是无法一蹴而就，靠的是持之以恒的积累。

5.6　疯狂裂变法：一套超级裂变术，让客户心甘情愿抢着帮你转发

裂变这种营销模式，其实采用的方式就是扩散式推广。 当客户 A 购买产品后，了解了这个产品的好处，得到商家的指引和奖励，会将产品推荐给 B 和 C，接下来客户 B 又会推荐给 D、E、F、G，这就是一种裂变营销。

那么，该怎么把裂变思维用到产品上呢？

首先，做裂变的目的就是想要客户添加你的微信，最重要的一点就是：**设计好"诱饵"**，也就是给别人一个添加你的理由，比如说可以获得的好处。

5.6.1　"诱饵"设计

·**商品本身，或者周边。**（如果你是卖货的，可以直接送产品或周边，但一定要计算好成本。）

- **延伸品**。比如购买产品满多少元即可抽奖,最低一档奖品是送优惠券;也可以是消费满多少,立减多少元。
- **知识类虚拟产品**。比如卖衣服送穿搭知识,加入代理送引流获客裂变培训。
- **机会或者体验**。比如蛋糕店送免费 DIY 一次。
- **服务**。比如健身房送体能测试。

记住一个原则,**最合理的赠品是,市场价格比较高,但成本比较低**。

5.6.2　五种裂变方法

- **引导群成员转发海报到其他群或朋友圈即可得赠品**。这种方法操作简单,你直接提供转发话术即可,但有可能造成对方领完赠品立即删除朋友圈,或者设置分组可见的情况。
- **引导群成员转发朋友圈集赞即可获得赠品**。与第一种方法对比而言,可以增加朋友圈的可见率。
- **在群里宣布,群满多少人即可得到赠品**。这种方法进群的人会比较精准,也能激发群成员的积极性;缺点是可能会对别人造成打扰,被莫名其妙拉进群。

·**鼓励群成员拉 3 人进群，即可得赠品。**较第三种方法来说，这种方法可以避免吃大锅饭，但会限制群里有能力者的积极性。

·**告诉群成员，每拉一人进群，即可得×××额度的赠品。**这种方法的优点是，多劳多得，调动全部人的积极性；缺点是只能送优惠券。

不管采用以上哪种裂变方法，你都要事先准备好相关转发话术、海报，还有最重要的，为了活跃气氛，记得准备好红包。

举个例子，如果你的定位是减脂，可以策划一个"7 天腰围快速瘦两寸"的课程，只要 19.9 元，无效退款。然后，鼓励群里的学员转发，只要成功邀请另一个人进群，就可以返 19.8 元，相当于 1 毛钱就买了这门课。拓客的本质就是买流量，在这个过程中，给介绍人 19.8 元，让他给你介绍一个客户。

然后，把这些购买课程的人拉进一个群里，每天放私教录制的视频，客户只要跟着一起做，每天花 6 分钟完成打卡，教练就会给出一个即时反馈，比如如何让你的身体局部暴汗，如何更好地拉伸缓解今天的疲劳等。还有机会参与抽奖送福袋的活动，福袋里是和健身相关的福利，比如一个月私教的优惠券，免费瑜伽垫等。最后转化减肥私教，定价稍微提高一些，变成 5800 元/月，承诺减肥 20 斤，无效退款。

以上，就是疯狂裂变术的流程和诱饵设计。不管你用哪种方法，最重要的是想清楚三个问题：

·客户为什么要做（能得到什么赠品）；

·客户为什么要现在做（赠品福利仅限××小时内）；

·客户转发的时候，会遇到什么样的障碍，你怎么帮他解除（比如准备好海报和相关话术），这样能提升他们帮忙的意愿。

5.7 神奇追销法：十个策略，100%提高你的回购率

追销是什么意思？其实就是让客户复购，或者购买你的其他产品。因为当客户买了你的产品后，你肯定希望他成为回头客，这样可以节省不少拓客成本。

举两个经典的例子：星巴克咖啡第二杯半价，庆丰包子买五送一。对商家来讲，若整个营销过程中销量增加了50%，那么这50%不是增加在销售环节，而是在销售之后。也就是说，成交不是销售的结束，**而应该在销售完成后给客户追销商品，从而提高利润。**

那到底怎么做，才能让客户找你不断复购呢？我这里分享十个方法。

5.7.1 再销

再销很简单,就是客户买了一个产品,你再卖一个同样的产品。这种策略对消耗类的产品非常有效。比如美容类产品、食品、家居用品等,如果产品确实好,又有优惠,客户一定会来复购。

5.7.2 增销

增销就是在客户选择低价版本的时候,试图卖一个同类型的高价产品。比如客户想买一个 32G 的 iPhone 手机,你可以尝试推荐 64G 的,从而增加利润。

5.7.3 减销

减销就是你想卖给客户一个高价版的产品,但客户不喜欢,于是你尝试卖一个低价的版本。比如客户觉得 iPhone 的 64G

太贵，你就可以让他买 32G，或者 16G 的。也就是试图降低成交的门槛，这会让成交变得更加容易。

5.7.4 跨销

跨销就是客户买了 A 类的产品，你再试图卖他 B 类产品。比如在服装店买衣服，你挑了一件西服，然后服务员说，这件西服的设计师还设计了很多衬衫，跟这款西服搭配非常合适。最后，你同时买了西服和衬衫，又买了几款同设计师设计的领带。这就是典型的跨销，围绕着客户的整体需求进行跨产品种类的销售。

5.7.5 搭销

搭销就是客户买了 A 类产品，然后再劝说他低价购买 B 类产品。比如，你买了一件意大利西服，导购说今天有个促销，因为你买了这件西服，衬衫就可以半价购买。这就是典型的搭销，这个方法思路非常巧妙，很有效果。

5.7.6 赠销

赠销就是因为客户买了 A 产品，所以 B 产品可以免费送，实际上，B 产品的利润已经在 A 产品上体现出来了。

5.7.7 捆销

捆销是什么意思呢？**就是 A 和 B 捆在一起多少钱，A 和 B 不可以单独购买，只能捆在一起销售**。这就是套装或者套餐，中国移动和中国联通经常推出套餐产品。

5.7.8 锁销

锁销就是如果客户购买一次之后，你可以锁定他一年、两年，甚至十年以后的销售。比如中国移动和中国联通，手机可以免费送你，但是，你需要和它们签订一个合同，同意在一段时间内使用指定套餐或话费达到保底额度等。

杂志的销售也是典型的锁销.你交了一年杂志费 240 元,陆续每月给你送一本杂志,一共十二期。这时你就被锁销了,一年之内不可能换杂志。

锁销是推销的终极目标,为的是让客户未来一直从你这里购买。

5.7.9 紧急追销

紧急追销就是客户刚买了一个产品,转身就卖给他另外一个产品。因为一旦客户决定购买,花一笔钱还是花两笔,差别并没有这么大。但是,紧急追销要讲究时机,一定要在客户愿意购买,并做了决定以后。每一次销售,都可以变成一个紧急追销的机会。

5.7.10 连环追销

连环追销就是客户买了 A,然后你再卖 B。他买了以后,你

再推 C，买了 C 再推 D。依此类推，就好比多米诺骨牌效应一样，轻轻一推，后面放倒一片。

比如家具店里先卖床，然后再卖床垫。客户买了以后，你还可以想想，如果床垫脏了怎么办？要不要用刷子刷，或者用特殊的专用洗洁精？是不是可以再追销刷子和洗洁精？

以上就是十种最常用的追销方法。**追销其实就是一个不断给客户创造价值、给自身创造利润的过程。**

5.8 团队爆单法：简单三步法，让你的团队士气高涨，爆单不断

很多社交电商团队长在培养代理的过程中，最怕的问题就是代理行动力弱，带不起来。所有社交电商或者代理模式的，99%的人都会遇到这个问题。你知道为什么带不起来吗？因为团队成员还没体验到写好文案能带来什么好处。

有没有一种方法，可以让代理学了文案能立马收钱，甚至没学文案之前就收到钱，体验到文案的威力？

答案是当然有，这个方法就是三个字，**滚雪球！**

看到这里，你肯定会说："哎呀，之前章节说过了。"但是，你一定想不到还可以这样用。不管你是卖童装的、卖护肤品的、卖减肥产品的还是卖营养品的，通通都可以用上。这个方法一共分为三步。

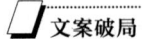

5.8.1 成功案例发圈造势

第一步，先选择一个单品，如果是衣服的话，可以是一个系列。然后在你团队里选择一队人，让他们把这个单品之前所有的成功案例、反馈截图，还有相关的故事，全部发到单独新建的一个群里。因为是建立在有成功案例的基础上，所以，不能是一个新品。然后，根据这些反馈截图，写至少10条文案。

这些文案要用痛点跟好奇心的写法。比如，到底是什么方法，让她一个月轻松瘦了20斤。千万记住，别在你的文案里面公布答案，只需要说："为什么她一个月的时间，看起来年轻了十岁？""他用了什么方法，一周轻松赚了10万元？"这样是不是就会让人好奇呢？

这个过程中，你的成功案例痛点一定要铺全，铺得越多，戳中的人就会越多，然后在文案结尾的时候，你可以说："你想不想知道这个秘诀？别猜了，关注我这两天的朋友圈内容，到时候为你揭秘。如果你实在忍不住了，可以偷偷私信我，我只告诉你一个人。"

这是第一步，也就是用好奇心滚雪球。整个团队里，找行动力强的人一起，第一步，"滚"一天到两天，一天至少10条朋友圈，重点"滚"这个单品，记得一定要选择爆品。

有个细节你要注意，就是要根据文案的内容场景选择发朋友圈的时间。比如减肥产品，那你的内容是："他一直喜欢吃夜宵，胖成了球，最近一个月，居然瘦了30斤，而且一样没少吃。"这个文案，你就得晚上发。比如，下午跟闺密喝下午茶，她一看我，就说："你偷偷去做医美了吗？怎么一下变得这么好看？"这个就要下午发，得根据场景来。

5.8.2 利用团队的力量谈单

第一步，你发出去，肯定会有很多不明真相的好奇群众来咨询你。这个时候，增强团队凝聚力的时候就到了。

团队里肯定会有人不会谈单，你要做的就是让他们直接把聊天实况发到群里。你负责带着其他人一起来谈单，可以直接用腾讯会议的形式让大家一起出主意，实战才是提升能力最快的方式。

如果这个单子谈下来了，出主意的人会很有自豪感，收钱的人很开心，你肯定会更开心。你的团队成员之间的关系肯定会越来越好。所以，这是一个增强团队凝聚力的方法。

然后，第二天再把这些所有的咨询截图一起发到朋友圈。

这一拨的文案还是不说到底是什么产品，只说客户痛点以增加好奇心。比如，有一个人忍不住来咨询这个神奇的护肤方法了。

记住，有人来咨询的时候，一定不要直接跟人说这个产品是什么，要先问他的问题是什么（和之前的私聊谈单思路是一样的）。这个过程中，肯定会有人下单。再把这些截图丢到群里，成为素材。

提醒一点，每天统计很重要，当天来了多少咨询，成交了多少，都要在群里接龙记录。最后算一个总数，增强团队荣誉感。

5.8.3　收款截图集中"炸圈"

在第二步咨询的时候，肯定会有人给你付钱，你可以根据这些付款截图写好文案，在这一步一起发出来，集中"炸圈"。这个时候，文案直接用痛点写，在评论区放"硬广"，把整个团队的收款截图全部集中到一起，在一天去"炸圈"。这样就会让在前两个环节中好奇心被撩拨到极致并且有痛点的客户迫不及待地想要付钱。

于是，你就可以再把这些付款截图持续滚到朋友圈，一直到没人付钱为止。其实这就是利用了能量的叠加和共振效应，因为一个人一张付款截图，或者成功案例，在朋友圈也许掀不起巨浪。但是，10个人，10张付款截图，那就不一样了。

所以，成交不是一个环节，而是一个流程！少了其中一个环节，效果就会大打折扣。另外，有单品只是为了引爆你的朋友圈，你的势能高了，自然就能吸引到客户，带动你的周边产品。

总结一下，这一章分享了价值塑造法、营销背后的人性密码，以及怎样提高1对1成交和批量成交率、如何做好裂变和追销。你从中会发现，生活中处处有营销，任意一着儿都会让你显著提高成交业绩。期待你用好这些方法，不断增加你的财富！

第六章

福利彩蛋篇

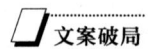

这一章是福利彩蛋，我会为你详细梳理个人品牌变现的发展路径，以及不同行业的常用文案模板，帮助你像我一样，在短时间内轻松从一个文案"小白"一路进阶，成长为超级文案 IP。

6.1　一张个人品牌超强地图,带你从 0 到 1 成为最强文案 IP

本节为你分享一张个人品牌超强地图,让你清晰地知道自己目前在哪个阶段,未来努力的方向又是怎样的。

6.1.1　个人品牌第一阶段——蓄能期

首先,进入个人品牌进阶的第一个阶段,我把它叫作蓄能期。

1. 找定位

定位是打造个人品牌的第一步,因为唯有定位才能定心。具体的定位方法可以参考第二章第 1 节:超强定位挖掘。找定位一共有三个核心要素。

市场:就是你定位的市场规模有多大。比如减肥的人群一定大于增肥,有句话说,减肥是女人一生的事业。那么,你做增肥的定位就会非常受限。所以，定位的产品市场规模越大，变现的概率也就越大。

刚需：比如拿画画和赚钱相比，画画是兴趣爱好，但现在更多人的需求是赚钱。所以，想学画画的人一定不如想赚钱的人多。那么，哪些是刚需的技能呢？比如教人赚钱，帮助女人变美、变瘦、变漂亮，老人变健康，小孩变聪明等。

复购：拿零食和口红对比，零食的复购率是非常高的，吃完就要买；而口红可以用半年或一年，有些女生不经常化妆，很久才能用完一支。另外，减肥产品也是没有复购的，因为减肥成功的人肯定不会再来找你，减肥不成功的，感觉没效果，更不可能找你。如果你是做减肥定位的，可以选择教学员指导身边的人减肥，从而提高自己的收入，这样才会有复购。

2. 优化微信四件套展示

微信四件套是指微信头像、昵称、朋友圈上方背景图、个性签名。当你找到定位后，接下来就要把自己的微信四件套"装修"起来了。

（1）头像

头像要尽量正面、简约，形象亲和或者热情都可，但要符合你的定位。比如做美妆的要让人感觉时尚，做亲子关系的要展示亲和力，做医生的要干净整洁。不要用黑白照，会让人有不适感，背景也不要全是黑色的，让人觉得过于高冷，有距离感。

另外，尽量不要用卡通头像，有条件的话，可以正儿八经去拍一组形象照。想象一下，在微信上，你会付钱给一个风景照、一个猫猫狗狗，还是一个真人？如果实在不想拍，也可以放自己真人的生活照。**因为，成交的基础是信任。**

（2）微信昵称

昵称尽量不要用英文名，为什么呢？我自己就踩过坑，我原来是做英语课程的，所以用的是英文名 Celine。但是，我发现很少人能完全拼对和念对，这是英文昵称普遍面临的问题。所以，不建议你用以下两种名字：

英文名

万一别人要找你的时候忘记了怎么拼写，你也许就错失了一个客户。那么，在中文名里面，哪种又比较好呢？那就是别人容易叫的。所以，**好的昵称有好听、好写、好记、好传播几大特点。**

名字前面加"A"，或者加电话号码

有些人为了自己能够在对方的通讯录里排在前面，就在自己的名字前面加 A，这样可以置顶。其实，这会让别人觉得销售目的性比较强，包括加电话号码也是一样。

你可以在名字旁边加上自己的标签，比如：思林 | 文案 IP 变现教练，这样可以强化自己的定位和给别人的印象。

(3) 朋友圈上方背景图

朋友圈上面的背景墙也是你最好的展示位，可以传达你的价值观。想象一下，刚引流来的朋友，加了好友后，第一个动作是做什么？是不是会看你的朋友圈背景图？这就是一个最好的黄金展示位。

那么，好的朋友圈背景图是什么样的呢？一般是左图右文的形式，图片是半身照，加上有质感的背景，右边是你的文案，包括你的定位标签、过往成就和经历，能够为别人提供什么价值，擅长哪方面，等等。如果加上权威机构的认证就更好了，比如某机构颁发的证书、服务过的大型机构和平台，以及参加过哪些大项目等。

(4) 个性签名

个性签名可以是你喜欢的一句话（表达的是你的价值观），也可以是你的个人标签，或者是使命愿景。比如，多长时间可以帮助别人达到怎样的状态。总之，给人的感觉就是正能量。

3. 布局朋友圈

朋友圈，包括生活圈和专业圈两大板块。

生活圈是一张角色网。每个人身上都有好几种不同的角色，本身就赋予了你一些标签，要把这些都展示在你的朋友圈，吸引真正跟你同频的人。你可以从分享一件很有感触的事开始，可以是自己的经历，发自内心的分享很容易引起高点赞量。如果再配上自己的美照，别人就会更关注你。

这个时候不要直接发"硬广"，要懂得先"种草"，你可以先告诉别人最近在学习什么，开始塑造价值为后面做铺垫，也可以引发别人的好奇心进行互动。或者送点福利，比如设置问答题，为回答正确的人送红包，预告下一条朋友圈公布答案和获奖结果，这样别人是不是想接着看你的下一条朋友圈了？

专业圈是一张痛点网。比如你是教文案写作的，每个人学文案的需求和痛点都不一样，有的上班族想通过学文案写作找到一份副业，增加收入；有的宝妈想补贴家用；做社交电商的想快速卖货；等等。不同人群的痛点不一样，需求也都不一样。你要把这些呈现在专业圈，才能吸引不同类型的客户群体。

那么，朋友圈具体可以发哪些内容呢？

（1）干货输出

把你擅长的技能拆分成零碎的小点分享在朋友圈，也是逼着自己持续输出的过程。一天输出一点好像不多，但日积月累，一年两年之后，把你输出的内容整理一下就是一本书了。

（2）问答分享

平时会有一些朋友因为你的技能来咨询问题，这时候不要吝啬给答案，记得分享到朋友圈，让更多人受益，这也是干货输出的延伸。请记住，别人的头像和名字要打码，因为这关系

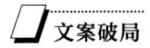文案破局

到别人的隐私。

(3) 观点输出

日常生活中,你看到的一些文章,觉得内容比较好的可以分享到朋友圈。在分享的同时,写下自己对这篇文章的评论和感想,这代表的就是你自己的思想,分享到朋友圈才会有影响力,单纯的转发是无用的。

(4) 读书推荐

当你读到好书和好文章时,也可以分享。好的读书笔记,能让别人掌握书的大体框架,也让更多人知道你能提供专业上的推荐和建议。

(5) 生活趣闻

总是分享专业的东西会显得太过严肃,不容易和大家拉近距离。人们肯定更欣赏那些能观察到生活的美丑并且有反思能力的人,也更喜欢和有趣的人互动、交朋友,这能让那些并不熟的朋友了解到更加立体的你。

最后,注意朋友圈的核心不是单方面的输出,而是双向互动。所以,要积极回复那些给你评论的人,做更多深入的交流。同时,多刷刷朋友圈,给别人点赞和评论,**人与人之间的关系都是相互的**。

4. 学习和复盘

在起步期，你往往需要持续学习一些新知识，巩固现有的理论体系，并且不断复盘自己学到的知识。复盘以后把收获同步分享到朋友圈，或者各种社群，这个过程不仅能帮你引流，而且会让你的输入和输出能力得到双重提升。你写得越多，可写的素材就会越多，思维的提升速度也会越快。

如果把输入和输出视为一个学习周期，那么，输入是学习、记忆的前期准备。类似运动前的热身，输出才是真正意义上的学习，完成一个输入和输出的循环，才算一个完整的学习过程。

5."炸圈"引爆势能

如果你从来没有写过朋友圈，或者原来都是复制粘贴的，你可以多练习第四章第1节第5点：朋友圈技能实操：五种"炸圈"方法，让你成为"自动印钞机"。提升你在朋友圈的影响力，而且你会发现，朋友圈能帮你实现自动成交。

6.1 对 1 成交

当你把文案按照"炸圈"方法发出去之后，会瞬间吸引到别人的注意。但你是不是遇见过这样的情况，就是没聊几句话就把对方给聊跑了？

你可以参考第五章第3节：绝对成交法中的 1 对 1 成交心

法和方法。记住一句经典的话：**成就他，不要成交他**。有的人是来问产品的，有的人是来问课程的，你可以先和他说："钱的事先放在一边，先说说你的问题，如果我能帮你解决的话，就不用花钱了。"这样别人是不是会觉得，你是完全为他着想的？客户反而会被你吸引。

7.1 对 1 咨询技能

如果你是做知识付费的，1 对 1 咨询是最好的 MVP 产品，这个过程可以锻炼你为别人解决问题的能力。

那么，对于一个文案 IP，1 对 1 咨询怎么做？

你可以从免费做起，或者从收 9.9 元开始，先发一条高价值的塑造圈，**这一步特别重要，如果你不懂得塑造价值，别人就不会重视你。**

在起步期没有任何影响力的时候，你该怎么引起别人的注意呢？记住两个字：**借势**。

借时间的势：只要你在某一个领域坚持超过 100 天，就可以告诉大家：用了多少年，多少天；

借金钱的势：你在某个领域投资的金钱总额；

借大咖的势：你和某位大咖学习、深度链接等；

借媒体的势：电台、电视、各种媒体新闻稿；

借平台的势：和各个平台的合作、在平台上担任的职务；

借证书的势：你所有考的证书、你的标签。

那么，当别人找你做咨询的时候，你可以先按上面的流程，先诊断你的朋友圈四件套，然后再看一下对方的生活圈和专业圈各个板块是否齐全，内容是否需要完善，等等。

如果实在没把握，也可以先和你的同学、家人对练。这样是不是既练了胆量，又获得了好评反馈？

8. 分享技能

当你做完 1 对 1 咨询之后，还可以建社群开始分享，包括你学到的各种知识、干货、案例等等，去锻炼自己的分享能力，为第二阶段做好准备。如果你从来没在社群里分享过，想要一开始就批量成交客户，是很难成功的。

以上就是第一个阶段所有的内容。这一阶段，除了掌握方法，你还要建立一个很重要的心态。**如果你是 50 分，就可以教 30 分的人。**

在这一阶段，可能没有太多的选择权，因为当你的影响力还不够的时候，很少有人会一开始就给你付一笔费用。这是不断锻炼自己能力的过程，可以尝试免费咨询、低价快闪群、低价训练营，或者 1 对 1 私教。你要做的，是先帮别人解决问题。其实说到底，打造个人品牌就是你要有一套帮别人解决问题的能力，不管你是用文案，还是其他方法。在这个阶段，要做的

就是概念验证。

6.1.2 个人品牌第二阶段——引爆期

接下来,我们来到了第二阶段,我把它叫作引爆期。

1. 群发售技能

在这个阶段,你仍然要学习相关技能,比如如何进行群发售。当你在社群分享一段时间以后,与社群成员建立了足够的信任,你就可以尝试社群发售,具体参考第五章第 4 节:社群推广法:社群推广四部曲,带你玩转批量成交。

2. 升级版文案学习

尝试社群发售的同时,你还可以进一步修炼自己的文案技能,包括催眠词的灵活运用、吸睛标题和开头的写法等等。有时间还可以手抄一些优秀的文案,培养语感。

3. 拆解能力

模仿是最快的学习方式,但比模仿更重要的是拆解,这样你才会对模仿的对象理解得更加清晰和透彻，在这个基础上，你才能更快地掌握相关技能。

想要提升拆解能力，你可以从拆解文案和拆解发售事件两方面入手。当你具备拆解思维并坚持实践，你会发现看一个问题或一件事物，不再只是看到整体，你还看到了各个组成部分。更重要的是，你知道如何逐一击破。

4. 复盘技能

这里不是指第一阶段的复盘，而是你对自己做的一整件事进行复盘，比如一场发售，去总结和提炼出整个过程中自己做得好或者不好的地方，从而不断改进。因为听别人讲解一百遍，不如自己试一次，在这个过程中，你可以积累很多的经验。

5. 出版书籍

写书的方法很简单，主要有两个，第一个方法就是把你之前在群里分享的内容整理在一起，然后编辑汇总成一本书。第二个方法是收集行业100问，比如去相关平台搜索文案100问，看大家对文案最感兴趣的问题有哪些，然后你来回答这些问题，用一支录音笔录下来，转化成文字，这样经过加工整理，你就能写好一本书。

在第二个阶段，你可以总结自己或者其他人成功或失败的

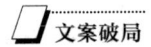

经验教训，不断进行拆解和分享，给别人提供价值，让每个参与进来的学员从中受益。你也可以尝试做线上课程，比如训练营、付费社群、私教等。训练营最好不要超过 21 天，轻社群 3 个月左右，私教可以先推出 2 个月的。其中，训练营是一种"知识输入 + 社群学习 + 作业输出"的混合培训模式，而私教侧重于针对每个学员不同的情况，定制 1 对 1 的辅导方案。

6.1.3　个人品牌第三阶段——封神期

第三阶段是封神期，通过不断努力，这个阶段的你已经拥有了自己的高客单价课程，也在你所在行业内拥有了一定的影响力。这时候，你的课程必须设置门槛，每位学员都要以高标准审核和挑选跟自己真正同频的人。除此之外，你还可以对接企业客户。

同时，你已经拥有了自己的课程体系，未来的重心更多的是带着使命感，传播正心正念的价值观，不断提升自己个人品牌的影响力。

以上就是个人品牌三大阶段，希望你可以对标自己，思考自己现在位于哪个阶段，从中确定努力的方向。

6.2 各行业文案模板集锦

无论哪个行业,文案都是品牌方与客户进行沟通的文本表达方式,优秀的文案要表达的不仅是产品的基本信息,还有使用体验、产品调性和品牌价值观等。品牌文案具有简洁、明确、贴切、独创、有趣和容易记忆的特点。我之前已经讲过大量文案的写作方法,下面重点是为大家总结一些常见行业的文案模板,让你拿去就能直接套用。

6.2.1 食品行业文案

模板①:"五感+修辞手法+升华"

普通版: 这款酥皮月饼的配料,有全亚麻籽油、花生、芝麻、玫瑰酱等,口味特别好。

修改版: 这款酥皮月饼,被黄灿灿的盔甲包裹着,仍然闻得到浓郁的月饼香。用刀切开酥酥脆脆的月饼皮,你会看到香脆的花生、芝麻，配上让人垂涎的玫瑰酱，实在是太美味了。月饼虽小，但每一块都承载着对你全家团圆的祝福！

解析：原句很普通，只讲了配料，罗列配料名称，让人读了没有感觉。因为客户并不知道这些配料会带来什么感觉，所以需要在文案中描述出来。

怎么描述呢？就采用"五感+修辞手法"，描述配料带给客户的具体感觉。如月饼的外皮可以比作盔甲，里面的馅和食材，通过视觉、嗅觉的描述，运用拟人和比喻的手法，同样的月饼好像瞬间有了魔力。让客户读着仿佛就已经尝到味道了，有了购买的冲动。

因为月饼和中秋节往往和团圆联系在一起，所以最后加上一句，小小的月饼，承载着的是祝福。这样的升华，让客户更能感觉到其中的意境。

"五感+修辞手法+升华"模板适用于承载人们美好记忆的美食，比如传统节日美食、童年美食、妈妈的私房菜、外婆做的点心等。

模板②：问题+预设框架+解决方案+行动指令

普通版：这款蜂蜜甜而不腻，口感特别棒。

修改版：什么样的蜂蜜才是好的蜂蜜？第一，看它的色泽是否清澈和光亮。舀起一勺后，你会感觉到它的绵柔顺滑，忍不住就想舔上去。第二，闻，好的蜂蜜会散发出纯净的淡淡芳香。第三，尝，好的蜂蜜甜而不腻，口感不苦不酸。而我们的这款××牌蜂蜜，完全符合以上全部的要求，快来打开尝一口吧！

解析：原句只讲了这款蜂蜜的口感，描述太单一，给人的印象不够深刻，难以被消费者记住，因为现在的同类产品太多了。所以，需要在文案里用多个角度呈现。

如何呈现呢？这里提供一个好方法，因为民以食为天，人人都追求吃上健康美味的食物，所以可以先抛出一个问题：什么样的蜂蜜才是好蜂蜜？然后给消费者建立相应的标准，具体可以从哪些方面甄别，最后说明你的产品完全符合所有的标准，就能让人更加信服。

接着又从看、闻、尝三个维度描述蜂蜜，符合人们对美食色香味的期待。色香味俱全又健康的蜂蜜，消费者怎么可能不动心呢？

"**问题+预设框架+解决方案+行动指令**"模板适用于各种食品，尤其那些市面上同类产品非常多，但质量良莠不齐的类型，比如橄榄油。

模板③：痛点+呼吁+解决方案

普通版：这款面条劲道十足，香甜可口。

修改版：很多小孩子不喜欢吃面食。实际上，不是孩子的问题，很可能是你的面粉不够好。做出来的面条不是太黏，就是太粗糙，口感差，所以孩子没食欲。

而××牌面粉做出来的面条，不仅筋道十足，香甜可口，还有浓浓的麦香味，孩子特别爱吃。吃饱了精力才会好，学习成绩更优秀，整个人也越来越自信。

解析： 面条作为一种家庭常见的食材，只讲口感"筋道十足，香甜可口"是很难出彩的。

怎样才能把普通的面条写得出彩呢？之前的章节提到过，一定要抓住客户的痛点。所以，我们可以聚焦现代人在饮食上的烦恼。不少家庭会为孩子不好好吃饭而苦恼，所以就可以从孩子不吃饭—没有食欲—普通面条口感差切入，并且细致描述不吃饭的严重后果，会影响到孩子的成绩和未来的发展。当你这样描述产品痛点时，就能一下子击中客户的内心。

以客户的痛点和需求为切入点，先提出他们每天最关心的问题，然后深挖问题的本质，最后给出解决方案，促使客户购买，这样的描述更有说服力。

"痛点+呼吁+解决方案"模板，适合生活中常见的、普通的、很难写得出彩的食品，可以采用解决客户痛点的写法。

模板④：特色+对比+卖点+行动指令

普通版： 这款牛肉干，真是太香了，一袋只要98元！

修改版： 上次去香格里拉，终于吃到了原汁原味的××牌牛肉干。拿一块放到嘴里，简直停不下来，香气扑鼻！完全不像我们市面上买的那种牛肉干，又干又硬，还有很多添加剂。××牌牛肉干，吃每一口都伴随着牛肉最原始的味道，你会一直想吃，完全停不下来，一袋只要98元！

解析：修改前的文案，比较干巴巴，像是吆喝，而且一个"太香"的卖点，不足以支撑每袋98元的价格；产品优点没描述全，推销的痕迹太重，客户会下意识地产生戒备心理。

那么，到底如何写才能让客户记住这款牛肉干呢？这里提供一种思路，你可以和其他品牌的同类产品对比，放大自己的优势，攻击竞品的劣势，进一步强调产品的卖点（原汁原味），最后呼吁客户直接行动。

"**特色+对比+卖点+行动指令**"模板，适合有特色的食品，可以突出口感、产地、生产日期，甚至生产者等特色。比如，新疆哈密瓜、哀牢山褚橙、东北大米、各种时令蔬菜、应季瓜果等。

6.2.2 汽车行业文案

模板①：设问+好处+修辞手法+感叹句

普通版：这款车，空间大而有余地，适合喜爱居家生活的你。

修改版：嘿！朋友，我相信你肯定需要这样一部车，去记录生活中耐人寻味的点点滴滴。那么，这部车有什么新型的设计改观呢？

独具一格的五门揭背造型，让后备厢有更大的空间，供你的宠物欢呼雀跃，玩耍嬉闹。与你的生活融为一体，这才是名车典范！

解析：原来的文案只是泛泛讲了空间大这个优势，没有能打动客户的点，空间大和喜爱居家有什么关系呢？空间大能为喜爱居家生活的客户带来什么优质的体验呢？对客户来说，你没有说，就相当于没有。

所以，要写得更加接地气，把客户能获得的美好体验详细描写出来。

开篇用一个设问句型，为了引出产品的独特卖点。然后，用诙谐的语言，描述这款汽车的造型，以及能给客户带来的好处，拟人的修辞手法让文字更加生动，"宠物欢呼雀跃，玩耍嬉闹"，这是客户能直接想象到的，甚至在阅读过程中就能想象出来的。最后，用感叹句结尾，说出客户的心声，让客户印象深刻。

"**设问＋好处＋修辞手法＋感叹句**"模板，适用于有某项突出功能，更适用于有特定使用人群的汽车产品，比如五菱宏光mini。

模板②：产品+品牌优势+内部结构

普通版： ××品牌汽车，舒适度有保证！

修改版： 买一辆令人舒心的车主要看它的舒适度，××品牌汽车在内部结构、发动机、底盘、车身，都有国内认证部门的认证，注重内部座椅的舒适度，严格按照人体力学设计制作。

解析： 修改前的文案，虽然点出了品牌名，但"舒适度有保证"太宽泛，客户无法共情；无感，就不可能产生购买冲动。

那到底该怎么描述呢？先把品牌优势亮出来，然后思考，汽车作为代步工具，多数客户会关注哪些地方？比如关注使用感受、舒适度和内部结构等。从发动机、底盘、车身、座椅等不同角度展开论证，一条条去说明优势。

"产品+品牌优势+内部结构"模板，适用于品牌有一定势能，但细分产品特色不突出的汽车，适用于大多数没有特殊要求的普通人。

模板③：速度+卖点+行动指令

普通版： ××牌SUV，堪比跑车的标准！

修改版： 没有人要求SUV该达到什么样的速度，但××牌SUV绝对以跑车的标准来要求自己。极具魅力的4.2升V8发运机，最大功率310马力，配合罕有的六速手动和自动一体变速箱，还有根据行驶速度可将车身最低降至180毫米的底盘调节,将××牌的速度发挥到极致,赶紧打电话咨询吧!

解析:修改前的文案,只是泛泛而谈汽车的速度,"堪比跑车的标准"每个人都有自己的标准答案,这点难以打动客户。

其实,经过研究后就会发现,很多买车的消费者,会更注重汽车的速度、功率等参数,尤其是男性消费者。汽车不仅作为代步工具,某种程度上,对动力速度的要求是高于舒适度的。可以以速度作为卖点,用具体的数据(功率、速度等)描述速度究竟有多么快,体验是怎样的,最后促使客户下单。

"速度+卖点+行动指令" 模板,适用于在速度上有着独特卖点的汽车。

6.2.3 居家用品文案

模板①:产品优势+身份穿越+行动指令

普通版:××牌越野跑系列跑鞋,符合人体工学设计,穿着更舒适,奔跑更灵活,鞋面采用柔软耐磨材质制作,透气舒适,拒绝闷热!

修改版:作为一名专业运动员,我认为跑鞋很重要。我曾经穿过很多品牌跑鞋,最后都放弃了,因为这些跑鞋不是穿着不舒服、不透气、磨脚，就是质量不行，穿不了多长时间就坏了。

最终我选择了××牌越野系列跑鞋，这款跑鞋按照人体脚部结构进行设计，内部制作符合脚部伸缩舒张、弯曲平伸运动的需求，不仅增加了舒适感，而且奔跑起来更灵活、迅速。

那透气性怎么样呢？因为鞋面采用的是高科技的绵软透气耐磨材质，鞋内鞋外气流可以随时流通，所以透气性非常好，赶紧联系我下单吧！

解析：修改前的文案，从设计、穿着感受、鞋面材质等不同角度展开，让客户对跑鞋的质量有了深入的了解。

当然，我们还可以换个角度，把文案改得更生动。想象一下，站在一名专业运动员的角度讲述，比直接卖鞋的销售人员讲述好很多。所以，身份的穿越有一个重要的作用，就是信任的转移。

"**产品优势＋身份穿越＋行动指令**"模板，适合各种为专业人士设计的产品，可以请他们现身说法，为产品代言。

模板②：竞品缺点＋产品优势＋行动指令

普通版：××牌吸尘器，吸力强，噪声小。

修改版：YY牌吸尘器（竞品名），吸力小，遇到细小的灰尘在墙角处、各种缝隙处，你反复吸都吸不干净。声音还特别大，隔壁邻居都听得到。

但是，××吸尘器，吸力就特别强，噪声还小。即使是缝隙处也可以无死角吸得干干净净。换上自带的除螨吸头，可以把隐藏在床单下、枕头下的螨虫全部吸走，让你的床单像新的一样，是你的居家必备品！

解析：修改前的文案，突出了吸尘器"吸力强，噪声小"两大特色，但不够生动。

怎样能让文案显得更加生动呢？我们可以通过和竞品做对比，突出这款吸尘器的优势，让客户明显能够感受到两者之间的差异，从而体会到产品的好处。

"**竞品缺点+产品优势+行动指令**"模板，适用于在质量上有着独特卖点的产品。

模板③：痛点+解决方案+行动指令

普通版：××牌按摩椅，更接近人手按摩和推拿！

修改版：长期伏案工作，可能会造成颈椎、胸椎、腰椎的疲劳、酸痛，甚至严重影响工作和睡眠！××牌按摩椅，更接近人手按摩和推拿，让你足不出户，从头到脚来一次彻底的中医理疗按摩，解除你的疲劳和疼痛，赶紧扫码购买吧！

解析：修改前的文案，明确指出了该款按摩椅的优势，更接近人手的感觉。

当然，会有人觉得自己不需要按摩，也不需要按摩椅，所以可以先提出事实作为基础的问题，以及能造成什么样的影响。

现在颈椎病严重影响着很多上班族的生活，目的是引起客户的重视，然后再引出产品，让客户有一种找到解药的感觉。

"**痛点＋解决方案＋行动指令**"模板，适用于能解决客户某一具体痛点问题的居家用品。

模板④：痛点＋场景关联＋行动指令

普通版：××牌料理机，采用的是304不锈钢刀头，装有进口马达，每秒8000转的转速，安全、省时、方便！

修改版：疫情宅家，想包饺子的时候，你是不是觉得剁肉泥特别费劲？大蒜皮总是剥不干净，大蒜肉还卡进指甲缝里。

不用担心，有了××牌料理机全部搞定。加入大块的猪腿肉，只需10秒，就能绞出超细腻的肉泥。方便加工各种食品，可以给孩子包饺子，让他长得更高；给肠胃消化不好的父母做芝麻糊，更利于消化。即使想在家里吃火锅，10秒就能搞定自制的蒜泥辣椒酱，简直太方便了，赶紧下单，把它抱回家。

解析：修改前的文案，完全是自嗨地讲产品的特色，客户不知道每秒8000转的转速跟他有什么关系。看了以后没有太大的感觉，不会产生购买的冲动。

那么我们该怎么修改呢？方法很简单，可以描述客户的生活场景，以及在这个场景下客户的痛点，让客户产生联想，想象自己有了这个产品，能经常享受它带来的方便和快感（比如给孩子包饺子，给父母做芝麻糊，自制火锅调料等），这就是场景植入策略。

"痛点＋场景关联＋行动指令"模板，适用于能解决某些特定场景下痛点的产品，比如开瓶器、便携式婴儿推车、遮阳帽等。

模板⑤：问题＋煽动＋解决方案＋行动指令

普通版：××牌产品是一款由21种中草药制成的鼻炎喷剂，安全且无副作用！

修改版：你是不是每天鼻痒、流鼻涕，狂打喷嚏，把鼻子揉捏得红通通的，恨不得把鼻子给揉烂了？严重起来，不仅睡不好觉，还没心情工作。出去见朋友、客户会觉得很难为情。

××牌产品是一款由21种中草药制成的鼻炎喷剂，安全且无副作用，能让你鼻子通畅，轻松工作，快速消灭鼻炎的一切烦恼，赶紧点击链接购买吧！

解析：修改前的文案仅仅从产品本身写起，没有站在客户的角度，告诉客户用了之后会有什么好处，所以无法吸引客户的注意。

那应该如何优化呢？可以先从鼻炎给客户带来的痛点问题入手，然后放大这个问题；如果不解决，可能会影响工作和生活，激发客户想要解决这个痛点的情绪，最后给出解决方案，这款鼻炎喷剂就是客户的救星，帮助他摆脱一切烦恼，最后引导客户购买。

"**问题 + 煽动 + 解决方案 + 行动指令**"模板，适用于能够缓解客户某一个不得不解决的痛点问题的产品。

模板⑥：双重假设 + 解决方案

普通版：××牌无线蓝牙入耳式耳机，无论在任何场景下都可以佩戴，不用担心没电。

修改版：如果有一种耳机，可以在运动、逛街、上班路上，甚至工作时，都能随意佩戴。如果还能方便携带，外观小巧又漂亮，音质又好，那就真的太棒了！

××无线蓝牙入耳式耳机，真正的无线体验，指触操控，小巧玲珑，设计漂亮，放在耳朵里，是一件精美的饰品。而且，不论在任何场景下都可以佩戴，不用担心没电。

解析：修改前的文案，描述了该款蓝牙耳机的便捷，不用担心没电。但一般市面上的蓝牙耳机外观都很普通，而现在是颜值经济，俊男美女都喜欢好看的事物。

你可以在这个基础上，进一步修改，给客户增加一些立即下单购买的理由。所以，一开篇可以描述蓝牙耳机是日常需要的东西，而且这款耳机还能满足另一种需求，也就是方便携带，外观漂亮，音质又好！简直是太棒了，对于很多都市白领来说，一个好看、方便携带的蓝牙耳机，简直就是通勤必备。

"双重假设＋解决方案" 模板，适用于同时具有普通优势和特色优势的产品。

6.2.4 护肤品行业文案

模板①：痛点问题＋对比＋使用效果＋行动指令

普通版：这款××牌祛痘膏是朋友推荐的，一用就会让你爱上。不含任何激素、抗生素，没有任何副作用。良心推荐，你一定要试试！

修改版：说句实话，普通的祛痘产品短期效果不错，但含有激素和抗生素，副作用还特别大。如果不做好防晒，就会加速皮肤的黑色素沉淀。

而我用的这款××牌祛痘膏，是朋友推荐的，一用就会让你爱上。不含任何激素、抗生素，没有任何副作用。用了不到8个小时，脸上的痘痘竟然一个个都消失了，一周以后都没有复发，皮肤也变得越来越有光泽，简直不敢相信！良心推荐，你一定要试试！

解析：修改前的文案，简单清晰地描述了产品的特征，但没有描述清楚客户使用后能够产生的效果。

那可以在这个基础上进行优化,先提出客户最关心的问题,也就是痛点(副作用大),然后对比其他同类型的产品,给出具体的使用效果,形成一个对比的效果,让客户产生对理想状态的期待,同时急于解决痛点问题,最后促使行动。

"痛点问题+对比+使用效果+行动指令"模板,适用于能够解决客户具体问题,并且能够产生前后对比效果的产品。

模板②:成分+使用效果+行动指令

普通版:××精华霜含银耳、水杨酸和果酸等多种护肤成分,安全有效,保湿润泽,清爽不油腻。

修改版:你知道吗?银耳能滋润肌肤,水杨酸和果酸能疏通毛孔,长期使用让女人美丽如水。××精华霜含六大明星护肤成分,安全有效,保湿润泽,清爽不油腻,陪精致的你度过每一个最美时光!要想脸上无皱纹,细腻有光泽,需要水的滋润和保湿的女性,不要犹豫,赶紧下单!

解析:很多人写护肤类的产品文案时,都会关注成分,甚至发一堆专业术语。其实,客户并不关心你的产品里有哪些成分,客户只关心他用了以后能有什么效果。

所以,这里可以怎么修改呢?你可以在写成分的同时,重点写使用后能给客户带来哪些功效和好处,才能促使其下单。

记住，客户只关心产品能给自己带来什么样的好处。

"**成分＋使用效果＋行动指令**"模板，适用于拥有某一特殊成分，能给客户带来特殊效果的护肤品。

模板③：事件＋反向结果＋解决方案＋行动指令

普通版：××牌祛痘膏，涂抹4个小时，痘痘就能完全结痂脱落，强力推荐！

修改版：我是一个十足的吃货，看到好吃的总是直接往嘴里塞！什么烤串、烤肉、麻辣烫……烧烤配啤酒，都是我的最爱！每天吃得可开心了，可是我的脸蛋经常遭殃，时不时冒出来几颗红痘痘，一碰疼得不得了！还好我有××牌祛痘膏，涂抹4个小时，痘痘就能完全结痂脱落，强力推荐！

解析：修改前的文案，简单地描述了只要4个小时，就能让痘痘结痂脱落的好处，但应用场景比较狭窄。

如果进一步添加一些素材，比如，以生活中常见的场景来引人注意，但要讲反向结果。比如吃烧烤的场景，4个小时痘痘脱落就是反向结果，给客户惊喜，让客户产生"未雨绸缪，先买了备着也好的想法"，然后提供产品的具体解决方案。

"**事件＋反向结果＋解决方案＋行动指令**"模板，适用于效果明显，能解决反常识问题的产品。

模板④：客户咨询+解决方案+行动指令

普通版：××牌精华，能让你皮肤衰老的速度减缓至少三分之一！

修改版：最近闺密问我，我是怎么做到生完孩子，看起来没有一点衰老的迹象的？其实原因很简单，我只是用了××精华，每天正常护肤而已，用了这款××精华霜，你皮肤衰老的速度就会减缓至少三分之一！别不信了，赶紧点击链接下单，一定会让你惊喜满满！

解析：修改前的文案，只是单纯从产品的抗衰功效入手，客户看了以后并没有直观的感受。

如果用客户咨询引出痛点，构建一个场景，就能达到最好的营销效果。

当某个客户来咨询你取得的某种结果，你就可以告诉对方是用了某个产品以后才达到的，这样会比直接说产品的效果更有吸引力。

"**客户咨询+解决方案+行动指令**"模板，适用于比较容易获得客户案例的快消品，以及需要亲自体验更能说明效果的产品。

文案破局

6.2.5 服装行业文案

模板①：品牌 + 风格 / 面料 / 设计感 + 适用人群

普通版： 这件夹克是基础款，面料柔软舒适，让你在春天可可爱爱！

修改版： 这件夹克是基础款，作为学院风的代表，它的格纹、线条、色调都凸显了春天的清新，面料柔软舒适，短裙是小个子女生的最爱。在这个温暖的春天，希望小个子女孩都可可爱爱的！

解析： 修改前的文案，只写了夹克的面料舒适，但现代人对服装的要求，除了舒适，还要好看。

应该站在客户的角度，从品牌的风格、面料、设计感等不同角度进行展开，更具体地描写出客户穿上衣服后的样子，引发客户的想象，更能激发客户的购买冲动。

"**品牌 + 风格 / 面料 / 设计感 + 适用人群**"模板，适用于婴幼儿服装外的各种服装行业。

模板②：金句 + 对比反差 + 解决方案

普通版： 一条神奇的小黑裤，能把你所有的肉肉都藏得严严实实，赶紧来试试吧！

修改版： 美不美全看腿，一双美腿走到哪里都是一道亮丽的风景线。但是，现在这种寒风刺骨的季节，谁会秀腿呢？有的姑娘便暗地里高兴：小粗短腿终于可以藏起来了。结果发现，冬天的裤子更会把腿形暴露得一览无遗；别人穿紧身裤秀美腿，我穿紧身裤秀肥肉。

为什么有些女生的穿搭，看起来又美又温暖，好像每个人都是"时尚达人"呢？原来差别仅仅在于——一条神奇的小黑裤，能把你所有的肉肉都藏得严严实实，赶紧来试试吧！

解析：修改前的文案，虽然直接写出了这条小黑裤的卖点，可以遮肉，但欠生动，客户很可能会看了觉得不错，然后不了了之。

那么，如何修改能让产品更深入客户的内心，促使客户下单呢？其实，对很多人来说，衣服穿对了就像变了一个人，所以你可以先用一句金句引起重视，然后描述痛点，提出解决方案。运用对比引发客户联想，促成下单。

"金句+对比反差+解决方案"模板，适用于能解决某一特别痛点的服装，比如保暖衣、打底裤。

模板③：使用体验+促销优惠+罗列卖点

普通版：这条保暖、显瘦、版型好、不掉裆、轻盈、穿着舒适的裤袜，今天特价啦！

修改版：这条裤袜穿上很舒服，完全没有那种强制压迫你腿部肌肉的感觉。此外，它还能帮我们提臀收腹，一提拉上身还"秒瘦十斤",而且很暖,这毛绒感,光是看着就能想象出穿到身上的暖和程度。

这条保暖、显瘦、版型好、不掉档、轻盈、穿着舒适的裤袜,绝对是冬季的新宠。当然也不能忘了宠你,年底超值活动价格:69元1条,买2条直接减免20元:平时100元只能买1条,今天118元2条,你还在考虑什么呢?

解析:修改前的文案,讲的全都是产品的特色,没有站在客户的角度,去描述客户用了以后的感受。而且"特价"不够具体,促销优惠一定要非常具体明确,客户才会有占便宜的感觉。

几乎没有人能抗拒促销和优惠,所以你可以从客户的体验入手,再给出一个无法抗拒的优惠政策,最好描述得非常详细,和不促销的价格进行对比。让客户觉得非常便宜,再不买就错过了,客户才会马上下单。

"**使用体验+促销优惠+罗列卖点**"模板,适合有促销活动时销售产品的文案。

6.2.6 减肥行业文案

模板①:客户案例+自身体验+产品推荐+行动指令

普通版:××减肥法,有着神奇的减肥效果。

修改版：我今年 49 岁，152 斤，患有高血压、高血糖，每天早上起床头晕沉沉的，中午必睡午觉，否则全身无力，还时常头痛。

有一天，遇到之前很胖（160 斤）的一个朋友，很惊奇地发现，她的身材一下子变得很好。原来，她用了××减肥法，竟然减掉了 30 斤，同时 20 年的高血压和糖尿病也全部治愈了，现在再也不用吃药了。

看到这么神奇的方法，我也去尝试了一下，结果很快减了 15 斤，再也不用吃降压、降糖药了，每天都很精神，也不觉得头痛、头晕了。如果你有类似的情况，想用最科学和健康的方式减肥，一定要添加××老师的微信，他会给你惊喜。

解析：修改前的文案特别空洞，神奇的效果到底是什么效果？客户是没有感觉的。

那么，可以添加哪些内容呢？减肥产品太多了，客户最担心的就是，是否有效？

最好的方式就是讲故事，通过客户使用产品获得的具体效果，做见证分享，证明产品的可靠性，引导客户下单。以王婆卖瓜的说辞，客户不一定有感觉。但有案例，就会增加信任，特别是像减肥产品，可以用前后对比图增加信任度。

"客户案例 + 自身体验 + 产品推荐 + 行动指令" 模板，适合竞品太多，但质量良莠不齐的产品。

模板②：理想结果 + 糟糕过程 + 解决方案

普通版：××减肥法，让你的身材变得更美！

修改版：好身材能给你带来更多机会，外观上可以让你形象气质佳，社交上容易结交更多的朋友。

生活中，许多姐妹都是吃货，看到什么好吃的就往嘴里塞。可是肥胖变形的身材，让她们对无数漂亮的衣服望而却步。更重要的谈生意、谈合作……对方一看到肥胖变形的你，第一印象就会大打折扣，信任度降低。

人的一生中能有几个青春，何不有个好身材呢？××减肥法，让你的身材变得更美！

解析：修改前的文案，只讲了身材变得更美，比较空洞，不能引起客户的信任。

要想让客户下单，你可以先给出一个巨大的好处，帮客户描述出理想状态。再举例说明错误方法会造成的不良后果，从而引出你产品的必要性和可行性，给客户一种不得不买的感觉。

"**理想结果 + 糟糕过程 + 解决方案**"模板，适用于市场接受度还不太高，但比同类产品有显著优势的减肥产品。

6.2.7　知识付费行业文案

模板①：痛点问题 + 解决方案 + 呼吁行动

普通版： 只要使用正确的朋友圈打造方法，你的订单就会源源不断！

修改版： 很多微商每天都在不停地刷屏，发朋友圈，但并没有几个人购买他们的产品。如果你这样继续做下去，粉丝会越来越少，最终可能连吃饭也成问题。

只有学习正确的朋友圈文案写作方法，才能让你的订单源源不断。赶紧点击我的头像，回复"学习"，开启朋友圈自动成交之旅吧！

解析： 修改前的文案，只讲了学习朋友圈打造方法，可以提高订单量，但不够具体。因为有的客户可能意识不到自己的方法是不正确的。

那么，如何修改呢？依然可以用痛点吸引客户的注意力，比如每天在朋友圈刷屏，依然没有人来购买，然后给出解决方案，也就是学习正确的朋友圈文案写作方法，最后促进客户购买。

"痛点问题 + 解决方案 + 呼吁行动"模板，适用于能够解决客户某一个具体痛点问题的课程。

模板②：故事 + 坏结果 + 解决方案

普通版： 参加了这个神奇的文案课程培训班，我的业绩居然增加 5 倍！

修改版： 为了能够写出精彩的卖货文案，我每天都在拼命地努力，加班加到深夜，但效果依然一般。有一天我突然发现，同样的产品，我的一个同行每天竟然能卖出几百件。想想我自己一周的销量，还没有别人一天的多。

后来经朋友介绍，我参加了思林老师的"文案高手 1 对 1 私教班"，我的业绩居然增加了 5 倍！

解析： 修改前的文案，只强调了参加文案培训班以后带来的结果，但过于简单，缺了一点真实感。一旦用户觉得不真实，就不容易下单。

那应该如何优化呢？给你一个思路，可以先通过观察别人学习之后的改变，然后过渡到自己目前不得不解决的现状问题上来，紧接着给客户种草，讲述自己报名学习后有着怎样的收获，从而引导客户下单。

"**故事 + 坏结果 + 解决方案**"模板，适用于同类竞品非常多，但效果非常明显的课程。

模板③：好处 + 价格对比 + 销售暗示 + 学员反馈

普通版： 思林老师文案课，带你下笔收钱，发圈躺赚！

修改版：思林老师文案课，带你下笔收钱，发圈躺赚！

399 元文案新手入门课 7 天（小白必选）

5899 元文案高手进阶课 60 天（高手进阶）

29800 元文案大神养成课 365 天（大神养成）

如果你是新手，想要了解一下，建议选择入门课，一周时间体验文案的魅力。如果你有一定基础，想要进阶成文案高手，可以选择高手进阶课。

好多学员反馈，学完思林老师文案课以后，一个月下来，文案水平有了明显提升，朋友圈成交率也显著提高。

解析：修改前的文案，只是喊了一句口号，无法促使客户下单。

如何优化呢？首先一句话描述产品带来的主要好处，然后用高中低三档价格，形成对比。这样客户就能知道，自己该如何选择合适的课程。最后再用学员的反馈，促使客户下单。

"好处 + 价格对比 + 销售暗示 + 学员反馈" 模板，适用于有着不同级别的课程。

模板④：问题 + 解决方案 + 更好结果 + 保证 + 行动指令

普通版：思林老师的"私聊成交精品课"，带你用 7 天时间，学会私信聊天的本领，打造开口就收钱的绝技！

修改版：你做销售是不是不会聊天？不会成交客户？说话

没有说服力？

没关系，思林老师的"私聊成交精品课"，带你用7天时间，学会私信聊天的本领，打造开口就收钱的绝技！现在，你可以足不出户，就轻松掌握这套成交绝技，让你的客户跟你聊完就想掏钱给你！

7天的学习只需要投资99元，课程结束如果你觉得没有收获，我将退你100元，并且我们还是朋友。点我头像，直接转账99元即可，仅限前50个名额！

解析：修改前的文案，只讲了课程的好处，无法给客户留下深刻的印象。

那么，我们如何优化呢？提供一种思路，可以在开篇提出客户最担心、焦虑的问题，告诉他你的解决方案是什么，使用后会得到哪些更好的结果。如果不满意或者没有效果，客户可以申请退款，进一步打消客户的疑虑。

"问题 + 解决方案 + 更好结果 + 保证 + 行动指令" 模板，适用于解决某一个具体痛点问题的课程，可以提供零风险承诺。

模板⑤：故事人物 + 问题 + 解决方案

普通版：××演讲课，让你彻底克服说话的恐惧。

修改版：我从小是一个非常内向的人，不爱说话，走路的时候总爱低着头、弯着腰，见人经常会躲着走，心里总是觉得很自卑，非常痛苦。

直到参加了××演讲课，我就像换了一个人似的，变得越来越积极主动了。现在即使是在几千人面前讲话，我也不会害怕紧张。

解析：修改前的文案，只是描述该课程的好处，不够生动。

那么，怎样修改才能更生动呢？想象一下，如果用讲故事的方式开场，说出主人公面临的问题，客户就会更加感同身受，接着引出你想推荐的课程即可。

"故事人物＋问题＋解决方案"模板，适合不能用具体数据描述课程效果的课程，可采用讲故事、人物前后对比的方法。

模板⑥：糟糕的结果＋原因＋解决方案＋行动指令

普通版：写文案的时候，要从客户的角度出发，多描述你的产品能带给他怎样的美好结果，从而引起客户的兴趣。

修改版：大部分人发的文案效果并不好，原因很简单，你说自己的产品如何好，不了解你的人会相信你吗？

其实，换种思路写文案，结果就会大不一样。那就是从客户的角度出发，多描述你的产品能带给他怎样的美好结果，从而引起客户的兴趣。

想知道怎么才能写出这种让别人欲罢不能的文案吗？私信我"666"，我来告诉你！

解析：修改前的文案，没有前置痛点，只讲了写文案的注意事项，不能引起客户的重视。

要想让客户足够重视，你可以先指出客户现状，点出痛点。然后，指出市面上大部分产品存在的缺陷，并告诉客户是什么原因导致的。最后提出你的解决方案，并要求客户立即采取行动。

"**糟糕的结果 + 原因 + 解决方案 + 行动指令**"模板，适用于能够解决市面上同类产品缺陷的课程。

模板⑦：产品好处 + 催眠词语 + 动态描述

普通版：《打造超级文案IP，轻松线上创业》这本书价值巨大。

修改版：《打造超级文案IP，轻松线上创业》这本书价值巨大。看完以后，只要你用里面提到的方法撰写文案，每个月都能让自己的银行账户额外进账上千元，并且还能看到持续增长。

解析：修改前的文案，笼统地讲述了这本书的价值大，可是客户没有任何感觉。

那么，我们怎么修改呢？可以直接描述这本书具体的好处，比如能让我们每个月都带来收入的增长，而"额外"两字，是一个催眠词语，让你的文案更加具有吸引力。最后，"持续增长"就是一个动态词，使这个场景瞬间生动起来。因为动词会比形容词更有威力，可以把情景描绘得淋漓尽致。

"产品好处 + 催眠词语 + 动态描述" 模板，适用于有复利效应、能帮客户带来持续价值的产品。

本节内容我总结了 7 个行业 29 个文案模板，已经覆盖了大部分产品类型，大家可以逐个熟悉并记忆，多对照模板进行写作练习。慢慢地，你就会熟能生巧，不看模板也能写出吸金文案。

后 记

很快,本书已经到了后记部分。

看到这里,我特别想和你分享一句感悟:人的一生很短暂,我们一定要做终身复利的事;随着时间的流逝,不断加深你的护城河,这才是你最值钱的资产。

回顾过去学习文案的这段奇妙旅程,我不仅从中赚到了钱,而且在2022年疫情严重的上海,仍然可以通过在线上招生,获得一份稳定的收入。

与此同时,我还通过互联网结识了很多优秀的小伙伴,和他们一起学习和成长,不断突破自己的舒适区。曾经内向的我,尝试了很多之前从未想过的事,比如参加演讲大赛、每天在视频号上直播、在上万人面前讲课等。这些都拓宽了我的人生边界,让我的未来拥有了更多的可能性。

另外,在教学员的过程中,我看着学员们一个个进步飞快,彻底从迷茫中走出来,并找到了未来奋斗的事业,每一天都在成为更好的自己。我越发觉得这份事业，对我而言有着一份特殊的使命感和责任感。

未来，我会将自己现有的"文案 IP 创富系统"不断升级。以文案为抓手，帮你更好地解决产品、流量、成交等一系列问题，让你更快速、更轻松、更简单地打造自己的超级文案 IP，过上内外富足的幸福生活！

最后，感谢引领我走进个人品牌领域的 Angie 张丹茹老师，感谢我的文案师父黄振宇老师。正是有了他们的帮助，我才能在打造文案 IP 方面构建一套完整的知识体系，为此深深感谢。

感谢亚丁老师、长耘老师，在我写书的过程中，给予我莫大的帮助和鼓励。

带领更多人通过打造文案 IP 线上创业，是我的终身事业。

商业世界瞬息万变，知识也在不断更新迭代。我会继续向更优秀的老师学习，升级我的商业模式，给学员更多的帮助。

如果你想学习更深度、更前沿的文案知识，请关注我的公众号。

在这里，你可以最早、最快学到我最新的线上创业方式，和更多文案 IP 一起成长，不断突破自我。